認知症の人に寄りそう・伝わる言葉かけ&接し方

山川淳司　椎名淳一　加藤史子

日本文芸社

プロローグ

この本は主に、今まさに認知症のある人を、
ご自宅で介護されているご家族に向けて作っています。

認知症は、よく理解できない言動を引き起こすことが多い脳の病気です。

「どう言葉をかけたらいいんだろう」

「どう接したらいいのかな」

「とてもしんどくなる」

といった戸惑いやつらさを、介護で感じているのではないでしょうか。

この本では、日々認知症のある人と接している
介護現場の専門家が認知症対応のヒントをお伝えします。

まず第1章では、認知症のある人が見ている「世界」をお伝えします。
「本人にはこんなふうに見えるのか」という感覚をもとに接してみると
認知症のある人には、とてもよく伝わります。

第2章では第1章をふまえ、家庭でよくみられる「困ったシーン」で認知症介護のプロが行う言葉かけ&接し方の具体例をお伝えします。

第3章は、介護をしているあなたの「世界」も大切にするためのものです。認知症介護は、介護する側もストレスフルで、心が疲れがちです。そこで、心理の専門家によるセルフケアメソッドをお伝えします。

この本の著者や編集者には、認知症家族介護の当事者もいます。認知症介護に悩んだ経験から、この本の企画が立ち上がりました。プロの視点と方法で、家庭での認知症介護が少しでもラクになるように、ご本人とともにかけがえのない日々を過ごされるようにと、願っています。

2023年2月

著者　山川淳司　椎名淳一　加藤史子

もくじ

第2章 本人への言葉かけ＆接し方のヒント

～認知症介護でよくある「困った！」場面～

会話の場面

食事の場面

入浴の場面

トイレの場面

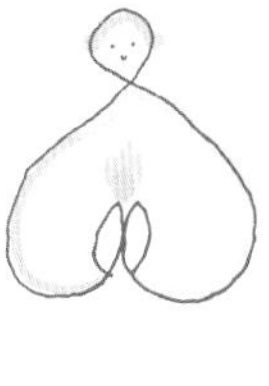

第3章
知っておきたい自分への言葉かけ&接し方

～認知症介護で生まれたあなたの世界の「モヤモヤ」に寄り添う～

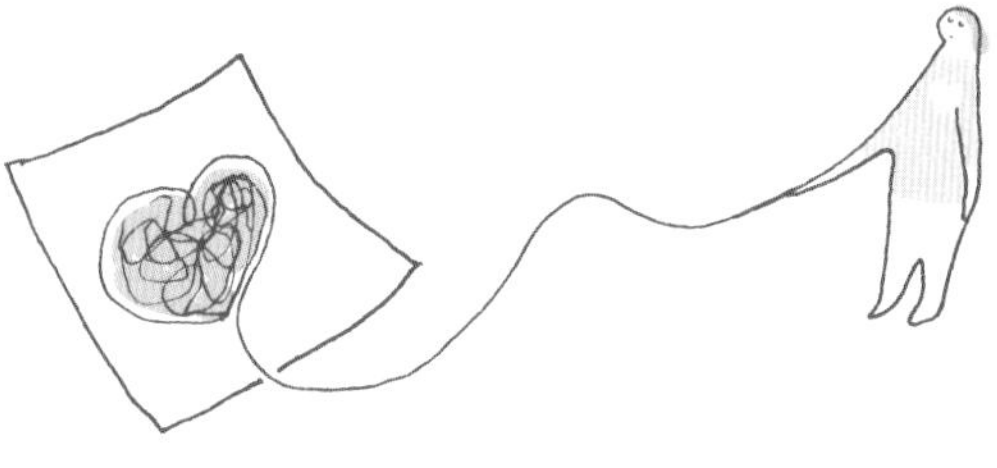

本書に登場する「もしもBOX」には、あなたがもし、認知症の世界にいたらどう感じるかを想像できる場面が書いてあります。認知症のある人の見方がイメージできれば、本人の気持ちにもっと寄り添いやすくなるでしょう。

第1章

認知症のある人が見ている「世界」とは？

認知症のある人に見えている「世界」は、
そうではない人と比べて、
何かが「違う」ようです。
その違いには、共通したある特徴が
みられることがわかっています。

あなたの身近にいる認知症のある人は、
今、そういう世界にいるのかもしれません。
コミュニケーションをとるには、
こうした認知症の人の
「世界」を理解することが大切です。

この章では、認知症のある人に
よくみられるシーンから、認知症の特徴ある
「世界」をのぞかせてもらいましょう。

山川淳司 やまかわ・じゅんじ

社会福祉士、介護福祉士、山形県認知症介護指導者
社会福祉法人朝日敬慎会　施設長

大学卒業後、施設系・在宅系サービスを多く手掛ける。一番得意な分野は「認知症ケア」。認知症の祖父・祖母を、在宅介護した経験のある家族介護経験者。現場実践のかたわら、介護研修の企画・講義をする毎日。
気晴らしは、サーキット走行。

認知症の世界

1 最近の記憶と時間の感覚が消えて「今」がわからなくなる世界

あるある行動

何度もくりかえし同じ話をする

エピソード

認知症のある母。何度もくりかえし「私は何をしたらいいの?」と同じことを聞いてきます。「ゆっくりしていてよ」と言ってもすぐに忘れ、5分くらいするとまた聞いてきます。同じことを延々聞かれるので、答えるのにイライラします。

本人は、最近のことは全てうろ覚えになってしまい、自分が直前まで何をしていたのかわからず、「今何時なのか?」「いつ起きたのか?」「いつご飯を食べたのか?」と、記憶とともに時間の感覚がなくなる不安な世界にいるようです。

認知症では、脳内の「海馬」という「最近の記憶」が保有される部分が損傷している可能性が高いため、認知症のある人の多くが**少し前の記憶がなくなり、う**

ろ覚えになったり、「何かがあった」という実感がない状態になったりします。「少し前」が5分、30分、1～数日という人もいます。

また、時計が目の前にあっても、それに何の意味があるのかもよくわからず、「時間の見方がわからない」こともあるでしょう。

ついさっきの記憶があいまいで、さらに時計の見方がわからなければ、「今」がわからなくなり、少し先の未来の計画も立てられず、途方に暮れてしまいます。

だからこそ、「私は何をしたらいい？」という言葉が出てしまうのでしょう。

この記憶や時間の感覚が薄れる症状は、認知症のある人の暮らし全般（つまり、この本でこれから述べる全てのケース）に影響が出ます。

一方、「昔の記憶」は、認知症が軽度・中等度のうちは大脳の一番外側に蓄積し、比較的残っていることが多いようです。

もしも

あなたがこの世界にいたら？

「明日11時半、友人Aと、○○で大切な話」と書いたメモ。しかしなぜか30分ごとにメモは真っ白になってしまう……あなたはその都度友人Aに、「約束してたよね？」と尋ねたくならないでしょうか。

この時の対応
P64、68

2

今は昼か夜か？ 夏か冬か？ 時間と季節感があいまいな世界

あるある行動

夜に仕事に行きたがり、朝に夕飯を食べたがる

エピソード

認知症のある父は、19時頃「仕事に行く」と出かけようとします。「もう退職したし、今は夜だよ」と言っても納得しません。一方、朝5時頃、「夕飯はまだ？」と起こされます。

人は、「朝起きた」「朝食を食べた」「出社した」「昼食を食べた」「退社した」「夕食を食べた」「寝た」など、これまでの生活の中で行ってきたルーティンを、時間を感じる基準にしているのではないでしょうか。**日常生活が全てうろ覚えの状態になると、時間の基準がなくなり、今が1日のうちのいつ頃なのかぼんやりとしてきます。**

また、夜が明けて明るくなる時間と、日が暮れて暗くなる時間は、季節により変わります。**春と秋はその変化が大きく、特に秋は明け方・夕方の区別がはっきりつきにくい季節です。**そのため、認知症の人は、夕方7時と朝の7時、朝5時と夕方の5時などが混同しやすいのです。近くにアナログ時計があると、午前と午後の区別もつきにくく、混乱を助長します。

さらに認知症では、体内時計の役割をする「セロトニン」（目覚めのホルモン）と「メラトニン」（眠くなるホルモン）のバランスが崩れることや、「レビー小体」というたんぱく質の蓄積による**睡眠障害のせいで時間感覚がズレる可能性があり、**昼夜逆転が現れやすいのです。

もし、本人がかつて夜の時間に働いていた経験があるなら、そのときの感覚に戻っている可能性もあります。その場合は、昼夜の感覚がズレているのではなく、当時の感覚で正しく出勤しようとしているのかもしれませんね。

もしも

あなたがこの世界にいたら？

あなたがずっと同じ天気、同じ室温、同じ明るさの部屋にいたら、あなたは今が昼か夜か、何時頃か、春夏秋冬どの季節なのか、はっきりとわかるでしょうか？

この時の対応
P114

3

覚えたい情報をキャッチできない注意力のフィルターが粗くなった世界

あるある行動

頼んだ物と全く違う物を買ってくる

エピソード

母に、近くのスーパーでの買い物を頼んでいます。買う物をメモに書いて行ってもらうのですが、毎回全く違う物を買ってきてしまいます。

認知症になると、目や耳などで情報を得ても、情報を取捨選択する「注意力のフィルター」が誤作動し、脳の中まで到達しにくい状態になります。さらに、インプットされても伝達がうまくできず、行動に移せないこともあります。特にアルツハイマー型認知症は、初期からこのような状態が出やすいといわれます。

また、情報の記憶・保持・想起時に周囲が騒がしいと、**覚えたい情報以外のこ**

とがたくさん入ってきて、注意力がそれ、集中するのが難しくなります。あたかも注意力のフィルターの目が粗くなり、全て通り抜けてしまうようです。そのため、認知症の人は、２つ以上のことを同時にすることが苦手です。

さらに、買い物で「同じような複数の物の中からどれか1つを選択する」という行為にも注意力が必要で、なかなか困難なことなのです。

このケースでは、買い物メモを作ったこと自体が脳に伝わっていない、伝わったが保持できない、保持はしていても思い出せないなどの「システムエラー」が起こっているのかもしれません。

私たちはみな迷いながら日々選択しています。この迷いが、認知症の人にとって適度なよい刺激であれば、**認知症の進行予防として、失敗を前提としてお願いしましょう。**買い物が成功したかどうかにかかわらず、「ありがとう。助かるよ」と伝える一連のやりとりが、「認知症の進行予防」になります。

もしも

あなたがこの世界にいたら？

とても賑やかで大きな声が飛び交う部屋の中。あなたは集中して複数の物事を聞き分けたり覚えたりすることができるでしょうか？

この時の対応
P136

4

体の感覚がぼやけ、暑さや寒さなど皮膚の感覚がよくわからない世界

あるあるの行動

真夏にエアコンをかけず、同じセーターを着続ける

エピソード

父は、真夏の暑い盛りに、毎日同じ長袖セーター・上着を着て過ごしています。汗びっしょりなのに、本人は「これでいい」と脱ごうとしません。1度脱水症状で通院したことは覚えていません。

認知症かどうかにかかわらず、高齢になると、温度を感じる感覚が少し鈍くなる傾向があります。暑い・寒い、皮膚にどんな感触がするかなどがわかりにくくなるのです。

認知症になると、さらに季節を感じにくくなったり、季節を錯覚したりすることがあります。このシーンでも、本人は季節を完全に勘違いしてしまい、「風邪をひきたくない」と強く思っているのかもしれません。

また、自分の着た服を覚えていない可能性もあります。「ずっと同じ服を着ている」という記憶はなく、むしろ、毎日「お気に入りの服を選んで着た」と思っているかもしれません。

さらに、認知症の世界では、「汗を多量にかいた」から「汗を拭こう」「服を洗濯した方がいい」といった予測が難しくなり、「私は（他の人にとって）汗くさいかもしれない」というように、**自分を客観的に見ることが難しくなる**のです。

もしも

あなたがこの世界にいたら？

もしもあなたが、昨日着ていた洋服が思い出せず、さらに臭いや汚れもよくわからなくなっていたら、「お気に入りの服」を毎日選んでしまわないでしょうか？

この時の対応

P110、120

5 自分がなぜここにいるのか方向もわからない迷路の世界

あるある行動

慣れた場所でも迷う

エピソード

認知症のある夫に、いつも行く近所のスーパーに買い物を頼みましたが、2回ほど帰ってこられなくなり、近所の人が発見してくれました。最近は家の中でもトイレがわからず失禁してしまうことがあります。

脳の頭頂葉は、運動・触覚・空間認知・体の感覚・GPSのような方向感覚などを司る機能があるといわれています。その部分に何らかの障害が生じると、「触っている感覚がない」「物によくぶつかる」、さらに直前の記憶保持が難しいこともあいまって、「方向がわからなくなる」などの症状が現れます。

私たちは、初めての場所に行くと、道に迷わないように建物や看板など目印を見つけて対応します。しかし、**認知症のある人は、初めて来たかどうかもわからず、目印を覚えておくこともできません。さらに、自分が何をしようとしていたかを途中で忘れてしまうことも多いのです。**

すると、知らない場所になぜかぽつんと1人で取り残された状態になります。誰かに聞こうとしても、うまく話せません。**本人は不安や焦りでいっぱいなこの状態を、外の世界の人たちは「徘徊」と呼び、迷惑がることがほとんどです。**

生活し慣れた家の中でも、同じ理由でこのような状況は起き得ます。認知症の人でも、体にしみついた行動の記憶は失われにくいといわれているため、「歩行そのもの」はできるかもしれません。しかし、家具の配置、陽の入り方が変わり、場所の感覚がつかめなくなり、位置感覚が失われたことなどにより、トイレではないところで失禁してしまうこともあります。

もしも

あなたがこの世界にいたら？

何かをするために移動しているときに、話しかけられたり別のことを考えたりすると、何をしに来たのかわからなくなった経験はありませんか？　それが1日に何度も起こったら……？

この時の対応
P98、102

6

家族・知人・自分の顔も関係性も理解できない、仮面舞踏会の世界

エピソード

認知症のある夫に「私が誰かわかる？」と聞くと、「あー……あなたは姉さんだよね」と言われ、「長年連れ添ったのに……」とがっかりします。さらに時折、鏡に映る自分にブツブツ話しかけ、最後は怒りだしています。

あるある行動

配偶者のことを忘れてしまった

認知症が進行するにつれ、見当を誤る「見当識障害」が現れるといわれています。**人により異なりますが、時間→場所→人の順で現れる**ことが多いです。

認知症でも古い記憶は比較的残りやすいものの、**目の前の人の像と記憶に保存されている像との照合がうまくできず、知っているはずの「人」がわからなくなることがあります。**顔はわかっても、関係性が思い出せないこともあります。

「私は誰？」という質問は、認知症のある人にとって苦しい質問です。思い出そうとしても思い出せず気まずいものの、関係性を何とか保とうとがんばるからです。この場面では、本人の中にある「妻の像」は、目の前の女性ではなく、記憶にある「若い頃の像」なのでしょう。そのため、目の前の「妻より年上の人」は「姉」だろうと推測したと思われます。

鏡に向かって話すのも、同じメカニズムです。本人が思い浮かべる自分の顔の像は、「昔の若い自分の像」です。目の前の鏡に映る人は、「自分よりも年上の人」で「よく知っている人」なので、「知人？　会社の先輩？」と考え、敬語を使って話すケースが多くみられます。

さらに、本人が懸命に話しかけても返事もせず、自分のまねをし続ける相手にバカにされたと感じて、怒りが生じます。

もしも

**あなたが
この世界に
いたら？**

町で知らない人が「こんにちは」と声をかけてきたら、あなたは（もしかしたらどこかで……？）と考え、失礼のないように返事をしませんか？

この時の対応

P44、72

認知症の世界

7

言葉の意味も、何と言っていいのかもわからないチンプンカンプンな世界

エピソード

認知症のある義父に「今日9時に病院に行くから、着替えを準備して」と伝えてもなかなか話が伝わりません。本人は何か言おうとしても「あれ」「これ」「それ」が多く、具体的に何を言いたいのかわからないことが多いです。

あるある行動

話が伝わらず、言おうとしていることもわからない

脳の「左側頭葉」は、言語の記憶や理解の機能を司ります。その部位が損傷を受けると、言葉を「理解する」「表出する」ことが難しくなります。**理解はできても表出できない人もいれば、その逆の人もいます。進行すれば両方とも難しくなっていきます。**まずは聴力・耳の検査などをし、話が伝わらない原因が難聴などによるものかどうか見極めましょう。そうでなければ認知症の影響を疑います。

言葉の意味が理解できないと、聞く意欲はあっても相手が何を言っているのかわからず、さらに、わからないことを尋ねようとしても言葉が浮かばないので、質問もできません。

また、認知症の初期には**「あれ」「これ」といった指示語が増えてくるという特徴があります。**言いたいことの概念は頭にあっても、言葉が想起できないために指示語になっているのです。さらに進行すると、**意味がうまく理解できないため、比喩や例えが伝わらなくなる傾向がある**といわれています。

このように、話が伝わらないということは、本人にとって一番もどかしいことです。逆に、話がスムーズに伝わり、比喩などでジョークが言えるということは、認知機能が保たれているということ。話せるうちに、具体的で、簡潔な言葉を使いながら、冗談をたくさん話しておきましょう。

もしも

あなたがこの世界にいたら？

あなたは言葉が全く通じない国に転勤になりました。しかし入国の際、なぜか拘束され尋問を受けるはめに。言うことがわからず、何を言っても伝わらず、通訳もいなければ、どう感じますか？

この時の対応
P60、70、118

8 怒りたくなくてもイライラし、急に「怒りスイッチ」が入る世界

あるある行動

最近、急にものすごく怒ることがある

エピソード

夫は、昔から少し怒りっぽいところはありましたが、認知症になってしばらくしてから、何かの拍子に急に怒り出すようになりました。最初はちょっとイライラする程度ですが、徐々に怒りが増すようで、おさめるのに苦労します。

人の脳内には海馬の隣に「偏桃体」という「感情のスイッチ」があります。その部分が損傷を受けると、感情のコントロールがうまくできなくなることがあります。

認知症の人は、日々、「うまくいかない」「他の人からとがめられる」「何となく変だ……」などと感じ、大きなストレスを抱えています。その上、そのことを

うまく伝えられず、さらにストレスが増大しがちです。**脳内の変化に加えて、こうしたストレスが怒りのスイッチをより強く、急に作動させてしまう**ようです。

しかし、**「怒り」の前には、必ず何らかの「きっかけ」があります。**認知症があると、周囲の環境（音や光）や人など、様々な刺激に対してとても敏感になるため、それが感情のスイッチを急に作動させてしまうとも考えられています。周りの人は、どんなきっかけで本人の「怒りスイッチ」が入ったのか、直前の様子をよく見ておくことが大切です。

一方で、本人は怒りたくなくても、誰かに操られているように怒りを止められない状態になってしまうことがあります。こうした「自分で止められない感情のあふれ」は、脳血管性認知症の方に多いといわれています。

もしも

あなたがこの世界にいたら？

自分の気分を自分でコントロールできず、喜怒哀楽の感情がジェットコースターのように上下したら、とてももしんどいのではないでしょうか？　周りに迷惑をかけていると、申し訳なくなりませんか？

この時の対応
P54

9 これが何か、使い方がわからない未知の物体が目の前に存在する世界

あるある行動

洋服を着られなくなった

エピソード
先日のお風呂上がり、父はいつもパジャマにしている長袖Tシャツに脚を通そうと苦労していました。いつものようにズボンを穿いているつもりのようで、戸惑っていました。

認知症になると、これまでの生活でよく見て使っていたはずの物も、記憶の貯蔵庫からその名前を探し出せなかったり、使い方がわからなくなったりすることがあります。例えば、「慣れ親しんだ物が何だかわからない」「名前や用途は説明できるのに実際に使えない」「日常の一連の動作を順序正しく行えない」など、**行動の方法の認識が失われることを「失行」**といいます。

また、「鏡に映る顔を自分と認識できない」「電話・呼び鈴などの音が何の音かわからない」「方角がわからない」「目的地にたどり着けない」といった**物や概念の認識が失われることを「失認」**といいます。視界の右側もしくは左側のどちらかが認識できない「半側空間無視」などもあります。

このケースでは、慣れ親しんできた長袖Tシャツをズボンか股引と間違い、がんばって穿こうとしています。しかし、実際はズボンではなくTシャツなので、脚を通すところが3つあるように感じて混乱しているのでしょう。

最新の家電は高機能で便利になりましたが、慣れるまで時間がかかり、戸惑う人も少なくないはずです。認知症のある人は、昔から使い慣れた物でさえ、その使い方がわからなくなります。ましてや、**新しい機器について「これは何か」「どうやって使うか」に慣れるのはとても難しい**のです。

もしも

あなたがこの世界にいたら？

もしもあなたが持っている上着の袖が5つあるように見えたり、逆に袖や首の出口が全くなかったりしたとしたら……どこに手を通していいのか？　どこに出るのか？　と戸惑いませんか？

この時の対応
P112、134

10

この先の順序や流れをどうするのか？イメージできないノープランな世界

あるある行動

料理の手順がわからなくなった

エピソード

母は専業主婦で、昔から料理が得意でした。しかし最近では料理の途中で手が止まり、何か考え事をしているようです。また、得意料理の味付けも毎回変わるようになりました。最近は進んで料理をやらなくなってきました。

認知症になると、少し先の計画を立てづらくなります。そのため、入浴や排泄、身じたくなどの**日常的な行動の始まりから終わりまでの一連の手順がわからなくなる**ことがしばしばあります。これは、行動の流れのうち、一部のやり方や道具の使い方、直前にしていたことを思い出せないなど、部分的な記憶が失われていることにより生じます。**記憶をつなぎ、保持（エピソード記憶）していくことは、**

生活する上でとても大事な機能なのです。

外出先でこのような特徴が出ると、ATMの使い方、買い物のしかたがわからない、お店までの行き方がイメージできないなどで困ります。1度に複数の場所を巡れず、1回1回家まで戻り、再度外出して用事をこなすという例もあります。

少し先の未来がわからないと、「これから何をしたらよいのだろう」と、途方にくれてしまうでしょう。このケースでも、「次に何をするのだったか思い出せない……」と焦り、立ち尽くしているようです。

こういった経験が重なると、「失敗してしまうのではないか」「できないのでは」という不安を感じ、自分を守るために積極的に動けなくなる人もいます。

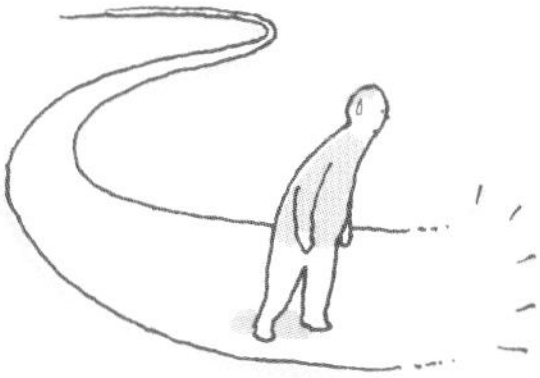

あなたがこの世界にいたら？

何かやりたいことがあっても、実現させる具体的なイメージがわかない場合、あなたはどうするでしょうか？「行き当たりばったり」になってしまうのではないでしょうか？

この時の対応
P128

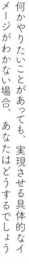

11

思考や行動が総合的にまとまらない情報のパズルが完成しない世界

あるある行動

入浴も着替えもしたがらない

エピソード

ここ2週間ほど、毎日母に「お風呂に入って」と勧めていますが、「毎日入っているからいい。あなたが入りなさい」と言われます。下着が臭いますが、着替えも嫌がります。入ってしまえば「いいお湯」と喜ぶのですが……。

服を脱ぎ、お風呂に入り、上がって、服を着て、髪を乾かすという、入浴など**日常生活の工程は意外と複雑で、全てのピースが揃って初めて完成するパズルのようなもの**です。前項までのように認知症の人は、記憶保持困難、言葉の理解や工程の想像ができない、見当識障害などにより一部が抜けてしまうなどの、**パズルを完成させるためのピースが足りない世界の中にいます。**

そのパズルが未完成のまま、周りの人にあの手この手で入浴を「お誘い」されると、「毎日お風呂に入っているのに」「今は早朝なのに」「そんな気分じゃないのに」という気持ちになり、**本人にとっては「納得」できない状態になります。それを「説得」し続ければ「疑念」が生まれ、**もうパズルを組み立てるのも嫌になり、面倒になります。

しかし、関係性を壊したくないので、「もうやめた！　うるさい！」とも言えず、「あなたが入ってきなさい」という「今お風呂に入れる権利を譲る」という言葉にしているのかもしれません。もしくは、入浴をしないことについて責められる状況から逃れたいという気持ちも少なくないでしょう。

そもそも着替えが面倒くさい人もいますし、失禁が他者にばれる恥ずかしさから、入浴を断固拒否する人もいます。

もしも

あなたがこの世界にいたら？

眠くてどうしようもないときに、お母さんに「お風呂に入りなさい！」と言われて、「面倒くさい！」「今は入る気分じゃない」と思ったことはないでしょうか？

この時の対応

P92、106

12

他の人には見えないものが本人にははっきりと見える世界

あるある行動

実際にはないものが見えているようだ

エピソード

母は夜に「部屋の隅に兵隊さんがいる」と、決まった場所を指してよく言います。でも、誰もいません。また、エアコンの吹き出し口を指さし、「そこからどんどんフィルムが出てきている」とも言います。ちょっと怖いです。

この現象は、「幻視」というものかもしれません。認知症の人は、そこにない人や動物、虫、物などがリアルに見え、誤認・錯覚してしまうのです。

幻視は、特にレビー小体型認知症に現れる症状ですが、全員に現れるものではありません。アルツハイマー型認知症の人にも、この症状がみられることがあるといわれています。

食べ物にかかったごまやパセリを「虫」と言ったり、部屋の隅など薄暗いところや、逆に光が強く差した影に「何か」が見えたりもします。つまり、**「見えないものが見える」のではなく、「見えているもの」をかつて見た体験記憶の中の物と照合し、誤認・錯覚しているようです。**

幻視には、3つの点を人の顔（目と口）に見てしまう現象もあります。柱の節目を人の顔と、観葉植物の影を人の姿と誤認することなども症状の一つです。

幻視は、本人の気持ちによって対応の必要性が異なります。本人が幻視を受け入れて納得できていれば、問題はあまり大きくなりません。否定も肯定もせず見守りましょう。一方、本人が恐怖や不快、不安を感じていたら対応が必要です。

視力低下があったり、薬の副作用・脱水・昼夜逆転などの影響による、夢か現実か判断しがたい「せん妄」という状態のときも誤認しやすくなります。

もしも

あなたがこの世界にいたら？

もし、すぐ横に人がいるのに、他の人から「いないよ」と言われたら、あなたはどう思いますか？

この時の対応
P58

13 周りの人に、身に覚えのない病気で病人扱いをされていると感じる世界

あるある行動

本人が認知症を認めず、通院に応じない

エピソード

最近義母は物忘れがひどくなり、物の紛失は毎日で、食べたご飯を「食べていない」ということもしばしば。親戚からも通院を促され、提案しましたが、「バカにして！　私はまだボケていない」と激昂されました。

認知症の初期は、老化による生理的な現象なのか、認知症による症状なのか、周囲の人にも見分けがつきづらいことが多いでしょう。

認知症の特徴として、認知症状の自覚、つまり「病識」がないことが挙げられます。自分に最近起こっている出来事について、あまり問題意識がなく、自覚が全くない場合には、「なぜ病院に行かなきゃならないの？　家族が何か企んでい

る?」などという発想になるかもしれません。

とはいえ、**本人は、「最近何かおかしい」「何となく変だ」と何となく矛盾や不安を感じていることも多い**のです。「それなら素直に病院に行けばいいのに……」と思うのですが、周囲の家族との関係性や、**本人が本来もっているプライドや性格によっては、自分を守ることを優先**し、「認めたくない」という気持ちになって、受診を拒否することもあります。

しかし、今までの様子と大きく異なる言動が現れたり、「いいえ！ 行きません！」という強い拒否反応があったり、特に同居の家族以外の人から見て、「やはりおかしい」と感じたりするなら、早めに受診・治療を検討しましょう。

もしも

あなたがこの世界にいたら?

あなたが「最近何かおかしい……理由はわからないが、思い通りにいかないな……」と感じているときに、人から「きみ、何か変だよ。精神科の病院に行けば?」と言われたら、恐怖と屈辱感から「何で?!」と思わないでしょうか?

14

ここより居心地のよい場所を求めてさまよう不安の霧の中の世界

あるある行動

家にいるのにそわそわして「帰る」と出ていこうとする

エピソード

認知症のある父は、自宅にいるのに「家に帰る」と出ていこうとします。「新築して20年も住んでいる家じゃないの」と話しても、「ここは自分の家じゃないから帰る！」と聞きません。

認知症のある人は、脳の病変や身に覚えがない失敗体験による影響で、自分で不安の原因を突き止めて解決することが難しくなっています。まさしく、「原因のない不安」が認知症のある人の不安の特徴です。

不安が大きければ、「安心できる存在や場所」を求めたくなるのは当然です。認知症の人の「安心できる存在や場所」の一つが、「帰りたい場所」なのです。

色濃く残る昔の記憶の中で、それはどこなどでしょうか？「親」「実家」「職場」など、人にはそれぞれ思い入れのある存在や場所があるかと思います。この場面では「家」と言っていますが、それは昔の家そのものではなく、かつての時間や場所であり、物理的な場所とは限りません。本人が求めているのは「記憶の中にある家」なのです。**それは〝心が安心できる源〟であり、〝時空を超えた存在〟です。**見当識は、時間→場所→人の順番で失われていくといいます（P22参照）。**人は最終的には「物」ではなく、より思い入れの強い「人が存在していた時間や場所」を求める**のかもしれません。

現在の場所が「居心地のよい場所」になれば、「帰りたい」という気持ちを和らげることができます。本人を取り巻く環境を「心地いい場所」「なじみの人を感じられる場所」に整えることが重要になります。

もしも

あなたがこの世界にいたら？

自分の持ち物もなく知り合いもいない、知らない場所の慣れない家で暮らすことになったら、「帰りたい」と思うでしょう。あなたが帰りたい、価値のある場所はどこでしょうか？

この時の対応
P76、140

15 認知症状からくる不安や混乱で負のモヤモヤが充満する世界

あるある行動

1日中物を探し、最後は家族を責める

エピソード

認知症のある母は、1日中ごそごそ何かを探しています。探し疲れた頃、「あなたが盗ったんでしょ?」と大声で責められます。後に、別の場所に置き忘れていた物が出てきても、本人はどこ吹く風です。

認知症のある人は多かれ少なかれ、**大切な物や人がどんどん目の前からなくなっていく**という、不思議な体験をしているようです。さらに、**自信喪失、他者に対する不信感、喪失感**など、複雑な心境で暮らしている人もいます。

例えば、居間に置いた大切な物が見あたらなくても、認知症のある人は、「何をしたらよいか」「何を尋ねたらよいか」がわからず、解決できないモヤモヤが

残ります。それが続けば、不安や焦燥感が増します。「また失くしたの？」などという他者の言葉により「軽い怒り」に変化したり、「ここに置いたはず。誰かが盗った」という被害者意識が生まれ、自分を守る言動をとることがあります。

はじめは認知症の世界の不思議な体験だけだったのに、**徐々に負の気持ちに変化し、「本人の気持ち」と「周りの環境（人の対応を含む）」との間に生じた〝ズレ〟で負の気持ちが悪化し、怒りや被害妄想などの行動に現れます。**

この状態は、**周囲の人たちの言葉かけや、環境の改善を含め接し方を変えた方がよい、変えなければならないというサインです。**これに早めに気づき、対応を変えれば、本人も周囲も困るＢＰＳＤ（心理・行動障害）に発展しにくいのです。

認知症のある人への言葉かけや接し方の原則は、「本人の行動の目的や言葉を否定しない」ことです。第２章で、具体的な方法を見ていきましょう。

もしも

あなたがこの世界にいたら？

簡単なミスをしたとき、「こんなはずはない」と受け止められないときはありませんか？さらに「あなたのせいでしょ」と言われたら、不安や不信感が強まらないでしょうか？

この時の対応
P78

第2章

本人への言葉かけ＆接し方のヒント

〜認知症介護でよくある「困った！」場面〜

認知症のある人の「世界」と、周りの人の「世界」には
しばしば「ズレ」が生じます。そのため、
認知症のある本人も、そして、その周りにいる人も、
コミュニケーションがとれなくて困ってしまいます。

周りの人が何を言っても話が通じないときには、
どんな言葉をかけ、接したらいいかと、
迷うことも多いでしょう。

認知症にかかわるプロが「困ったズレ」に対して行う、
言葉かけと接し方のヒントをお伝えします。

「認知症の世界」に寄り添い、今より少し
うまく接することができるようになるだけでも、
お互いに気持ちよく過ごすことができるでしょう。

椎名淳一 しいな・じゅんいち

介護福祉士、千葉県認知症介護指導者
医療法人社団愛友会　介護老人保健施設ケアセンター習志野　介護係長

認知症ケアの難しさを実感しながら実践し続ける「認知症ケア探究者」。認知症ケアの指導と人の成長をつなげることができないかと、日々探究中。自然観察指導員の資格を活かし、実践者の仲間たちと「自然観察会」を活かした「Kaigo Camp」を主催。

言葉かけ&接し方

1

人とかかわる場面

昨日会った知人を忘れるとき

エピソード

認知症のある母は、昨日会ったなじみのお隣さんに、「はじめまして」と挨拶してしまいます。お隣さんも「え……?」と戸惑った様子。本人に「○○さんでしょ!」と言っても、母はわからないようです。

対応1

会う人に、初めてのように対応してもらうよう依頼する

認知症のある人は人を見分けたり、記憶を保持したりする力が低下して、誰かと会ったこと自体を忘れてしまうことがあります。これは認知症の症状で、しかたのないこと。忘れた事実を本人に突きつけ**無理に思い出させようとするよりも、周囲がそれを理解し、本人の自尊心を第1に、あたかも初めて会ったように挨拶を交わしてみてはどうでしょうか。**笑顔で「はじめまして」と返せば、本人は混乱せず、スムーズにコミュニケーションがとれるはずです。その後あらためて家族から、「○○さんという方だよ」と紹介してもよいと思います。

そもそも人は一期一会。このように、毎日新しい出会いとして捉えてもよいのではないでしょうか。

対応2

「お隣さん、こんにちは」と関係性を示すキーワードを盛り込む

本人も「この人が誰か、どんな関係かわからない」ことには、少なからず不安を感じています。例えば、近所の人を忘れているようなら「お隣の◯◯さん。こんにちは」など、**関係性がわかるキーワードをさりげなく盛り込んで呼びかけるようにしてみるのもよいでしょう。**その関係性を伝えるヒントから、本人が「あの人か！」と見当をつけられる可能性が上がるはずです。

または、例えば「こちらの◯◯さんと一緒に中華料理を食べたんだってね」など、以前の付き合いのエピソードがわかる言葉などからも記憶が補われて、相手を思い出せるかもしれません。

2

人とかかわる場面

急に地域のコミュニティに行かなくなったとき

エピソード

1か月前まで頻繁に行っていた地域の老人会に、父がぱったり行かなくなりました。居心地よさそうで、本人のより所のようなところだったのに……理由を聞いても話してくれません。

対応1

「(老人会に行かなくても)仲良しの○○さんと××に行ってみたら?」

社会参加の一環として、地域コミュニティに行くことはとても大切です。しかし、認知症の影響による判断力・記憶力などの低下により、言葉が出にくかったり、意思が通じにくかったりすると、複数の人とのコミュニケーションをとることが難しく感じます。もし本人が対人関係に自信をなくしているなら、無理に参加させるのは逆効果でしょう。

交流が減り、誰とも話さなくなると、脳の機能をあまり使わなくなり、認知症が進行することもあります。話すことは、認知症の進行をゆるやかにするのにも

有効です。 大勢では無理でも、親しい人とゆっくり、一対一であれば、対話ができることもあります。地域コミュニティへの参加が難しい場合は、仲のよい友人や近所の人たちと、自宅や喫茶店などで話す機会を作ってみましょう。

対応 2

より少人数で楽に過ごせる近くの居場所を探す

老人会など大人数のコミュニティではなく、数人で集まるような小さなコミュニティを勧めてみてはどうでしょうか。

例えば、近所の人たちが集まる公園や、本人の趣味を活かせる集まりなど、比較的気軽に行けるところだとあまり抵抗がないかもしれません。本人がどのくらいの人数なら安心して話せるかなどを考え、のんびり人付き合いができそうな居場所を探してみましょう。

もちろん無理強いはできませんが、**本人が社会とのかかわりを感じられる場所が1つでもあれば、それだけでも穏やかに過ごせるものです。**

3

人とかかわる場面

近所の人と話をしなくなったとき

エピソード

これまでは近所の人との井戸端会議が大好きだった母。最近は外に出ても、近所の人に声をかけずに戻ってきてしまいます。ちょっとしたことですが……何か様子が変です。

対応1

本人と一緒に近所の人と井戸端会議をしてみる

普段の本人の様子をよく観察すると、なぜ近所の人と話をしなくなったのかがわかることがあります。例えば、「最近言葉が出づらそう」「段取りを忘れる」などといった、近くにいる家族だからこそわかる些細な変化が原因で、近所の人々とのコミュニケーションが難しくなっている可能性があります。

そんなときは、思い切って、家族も一緒に井戸端会議に参加してみましょう！

実際にその様子を見てみると、本人が「うまく話ができない」と困っていたり、「嫌われている」と一方的に勘違いをしていたりするなど、**対話を避けている理由が**

わかるかもしれません。家族が間に入り、コミュニケーションをフォローしながらかかわることで、これまでの人間関係を維持することができます。

対応2

新たなコミュニティに誘ってみる

もし、本人が今のコミュニティにいるのはもう難しいと感じている場合、本人が無理なく通えそうな他のコミュニティを探し、誘ってみましょう。本人の認知機能の状態などに応じて、より少人数のところなど、参加しやすいところがいいでしょう。「認知症カフェ」は全国的に各地域に広まっています（P188参照）。少しずつ慣れることで、今の本人にとって居心地のよい場所になるでしょう。

大切なのは、**家族以外の人とも安心してコミュニケーションがとれる環境があることです。**そんな「居場所」を、本人とともにのんびり探してみましょう。

4

人とかかわる場面

家族や人の悪口を言いふらすとき

エピソード

父は1人暮らしなのですが、よく面倒をみてくれているヘルパーさんやお隣さんについて、ひどい悪口を言います。最近は家族である私のことをヘルパーさんに悪く言っているようです。

対応1

「事実ではない」と決めつけていないかを振り返る

周囲が「悪口」と思っている本人の話は、記憶のあいまいさから出てくる作り話なのでしょうか？　実際には本人が言っているような出来事が起きていないでしょうか？　まずは思い込まず、検証してみましょう。

また、どちらにしても、それらの背景には本人の悲しみや苦痛があるのではないかと考えてみましょう。家族として身に覚えのないことを言いふらされるのはつらいことですが、**認知症の特性により、記憶と自分の負の気持ちを結び付けて思い込み、表現してしまうこともあります。**

対応２

悪く言ってしまう相手に事前に事情を話しておく

本人が家族の悪口を近所の人などに言いふらし、それが事実無根の場合、家族はとてもつらい思いをするはずです。そうした場合は、本人とあなたの両方を守るためにも、**悪口を言っている相手の人に、事前に事情を説明しておくといいでしょう。**実際には起こっていないことであること、本人の寂しさやつらさから、「記憶のすり替え」が起こっていること、あなたもそれで心を痛めていることを理解してもらいましょう。

こうした「記憶のすり替え」は、もともとある負の感情を解消することで少しおさまります。何かしら本人が苦しんでいることがないかを観察し、普段から関係をよくしておくことで、それ以上の悪化を防ぐこともできます。

このときあなたがくるしくなったら → P162、166

5

心が不安定な場面

家族の後ろをつきまとうとき

エピソード

日中母は、家の中をずっとうろうろしています。何をしたいのか、目的はわかりませんが、私を見つけるとずっと後をつけてきます。

対応1

不安からか、依存からか、その他の行動をしたいからかを観察する

みなさんは、初めて行った場所や初めて経験する場面で、「どうしたらいいのだろう？」という焦りや不安を感じたことはないでしょうか。そんなとき、安心するためにまずは他の人の様子を見ておきたいと感じませんか？

認知症のある人は、「何をしていいのかわからない」ということがよくあります。そのため、「そんな不安を訴えられる人」、自分の疑問に答えてくれそうな「頼りになる人」、自分のこの先の行動の基準となりそうな「モデルになる人」、「一緒にいて居心地がよく、安心できる人」を探す傾向があります。

つきまとうのはそうした人に依存したい気持ちからかもしれません。また、トイレに行きたいのかもしれません。うろうろする理由を探りましょう。

対応2

「落ち着かない？ じゃあ次は○○しようか」

観察しても不安の原因や行動の目的がわからないときは、不安を肯定し、ねぎらい、一緒にやってもらえそうな家事などを提案して次の行動の基準を示しましょう。

また、自分のまねをしてもらって、安心してもらってもよいでしょう。本人がまねしやすく安心できる行動を知っておくとよいでしょう。

もしも

あなたがこの世界にいたら？

初めての葬儀に参列し、御焼香の手順が全くわからないとき、あなたはどうしますか？ 前の人の背中で見えず、見えてもどうすればいいのかはっきりしない……そんなとき、誰かに「こうするといいよ」「一緒にやろう」と言われたら安心しませんか？

6

心が不安定な場面

急に激しく怒り出すとき

エピソード

父は最近、こちらは何もしていないと思うのに、急に怒り出してびっくりしてしまいます。

対応1

まずはこちらが冷静になる

認知症のある人に起こりやすい症状として、感情がコントロールできないほど高ぶってしまうことがあります。脳梗塞や脳出血の後遺症があると、特に起こりやすいといわれています。このような本人の怒りや悲しみは一過性で、長くは続きません。もちろんそのときはつらいものですが、一時的なものと捉え、冷静になりましょう。

急に怒り出すと、家族はとても驚くでしょう。

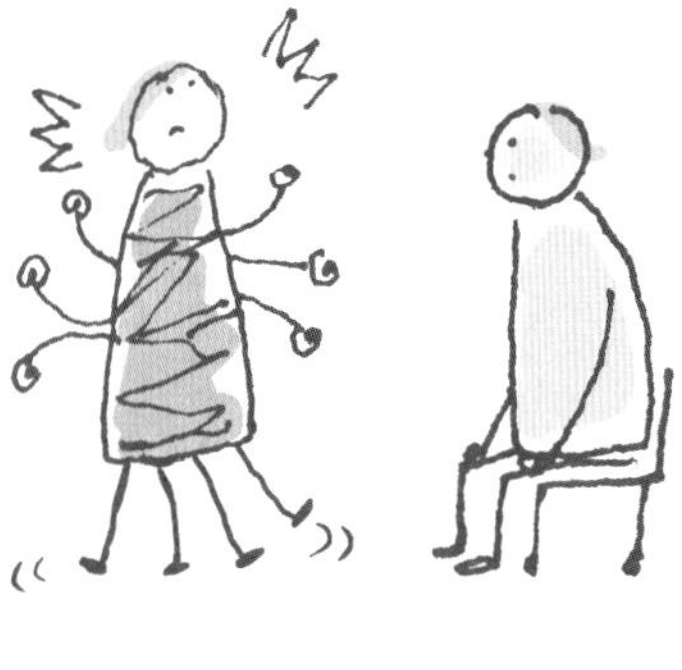

大切なのは、あなたも感情が高ぶって、現実を突きつけ反論しようとしないことです。もし、あなた自身の感情が引きずられてしまうようなら、まずはかかわる前にゆっくり十数えながら深呼吸し、落ち着いてみましょう。

対応2

距離と時間を置き、理由を探る

本人が興奮しているときは、何を言っても理解させることは難しいでしょう。周囲の安全を確認した上でいったん距離を置き、落ち着くまで待つのも一つの方策です。

落ち着いてきたら、**なぜそのような感情の高ぶりが出たのか、理由を探してみましょう。**言葉がうまく出てこない場合もあるので、ゆっくり話しかけ、必要なら周りの環境にも目を向けてみてください。何か本人にとって不都合なことがあるのかもしれません。言葉だけではなく、環境から解決の糸口が見つかる場合もあります。

このときあなたがくるしくなったら → P172

7

心が不安定な場面

無気力でボーッとしているとき

エピソード

母は、以前はそうでもなかったのですが、最近は朝起きてからもボーッとしていることが多いです。話しかけても気がつかないことも多く、心配です。

対応1

不眠などもみられる場合は、必要な医療につなげる

無気力な状態が続き、うつ症状（体が重い、眠れない、食欲がないなど）がみられる場合、早い段階で身近な医療関係者に相談、または医療機関を受診しましょう。

対応2

本人の正面に立ち、認識してもらってから話しかける

認知症の影響で、話しかけてもあなたに本人の注意が向いていない可能性があります。**本人の正面に立ち、目をしっかり合わせ、本人があなたを認識したことを把握してから声をかけましょう。**

目が合う頻度が増え、認識できているとわかる時間が増えてきたら、本人とのコミュニケーションの量を増やしましょう。声をかけてくれる人に注意を向けられるようになると、ボーッとする時間が減る可能性があります。

対応3

無理に声をかけず、たまに隣に座り、時間を共有する

本人がボーッとしていて無気力な場合や、声をかけてもしっかり反応がない場合は、何かの活動を促すのが逆効果の場合もあります。そんなときは隣に座り、**のんびり一緒に時間を共有することから始めてみましょう。**一緒にいるだけですが、実はこうした寄り添うかかわり方を中長期的にすることは、本人に心理的な安心感を与え、精神の安定につながります。

8

心が不安定な場面

ぶつぶつとひとりごとを言うとき

エピソード

認知症のある祖母は、日中も夜もぶつぶつとひとりごとを言います。ときどきぴたりとひとりごとが止まることがあるのですが、また再開します。家族は気になってゆっくりできません。

対応1

声はかけず、何を言っているのか聞き取る

ひとりごとは、認知症の症状に孤立などの環境の影響が組み合わさり現れる場合と、軽い意識障害である「せん妄」の症状と現れる場合があります。

どちらにしても、**ひとりごとの背景には、環境との調和がうまくとれないという本人の不安や孤独感、悲しみなど様々な感情が隠れています。**また、これまでの生活と関連していることもあり、原因は幅広いのです。

周りの人はまず、おおむねどのような内容か？　いつ現れどのくらい続くのか？　そのときの精神的状態はどうか？　などを探ってみましょう。その上で、

その原因を一緒に検討してくれる医師や介護職の人などに相談してみましょう。

対応2

周りを明るくし、周囲の物を隠す 静かなところでリセットする

レビー小体型認知症の場合は、幻視に対して話しかけていることも考えられます。居場所を変え、薄暗くならないように電気をつけて明るくしてみたり、視界に入る気になる物を隠したりして反応を見てみましょう。

また、脳血管性認知症の場合は、周りの音や人の動きなどに過敏になり、混乱してしまう傾向がみられます。静かなところで30分～1時間程度過ごすと、刺激がリセットされ、ひとりごとが落ち着くことがあります。

もしも

あなたがこの世界にいたら？

研修や旅行など刺激の強いイベントを終えた夜、興奮して眠れなくなったり、夢に出てきたりすることはありませんか？　それを話す相手が周りにいないときも、思いが口から出てくることはありませんか？

9

会話の場面

話がかみ合わないとき

エピソード

認知症の母と話をしても、こちらの聞きたいことに対する返事が返ってこず、いつもちぐはぐでズレた会話になります。私の聞き方が悪いのでしょうか。

対応1

「そうなんだね」「そうかぁ」と間違いを訂正せずに受け止める

まず、一生懸命に会話をしようとしているあなたのことも相手のことも、責める必要はありません。一方で、会話をあきらめたり、怒ったりするのももったいないことです。

正しくても間違っていても、本人にとっては言っていることが事実なのです。あなたに気持ちの余裕があるなら、「そうなんだね」「うんうん、そうかあ」と、少しだけ本人の世界に付き合いましょう。本人の世界を尊重すれば、それで本人は安心できます。

対応２

ズレた話をそのまま楽しみながら聞き少しずつ軌道修正する

話がかみ合わないことをズバッと指摘すると、本人はとたんに不安になってしまい、心理的な溝ができるでしょう。

最初は認知症がある人のちょっとした誤解を受け入れて肯定し、そのまま話す中で少し落ち着いてきたら、**現状とズレてしまっていることを少しずつやんわり伝え、最終的に話したかった内容まで修正していくとよいでしょう。**そうすると、本人は不安を感じずに、順を追って物事を理解することができます。大事なのは、本人が安心して話ができることなのです。

また、できれば家族も、本人のその「ズレ」そのものを楽しんでしまいましょう。危険が伴うような勘違いはきっぱり訂正しますが、そうでない場合は、独特の世界観を楽しむ気持ちで接すると、本人も家族も気持ちよくかかわることができます。

このときあなたがくるしくなったら → P146、158

10

会話の場面

声をかけても気づかないとき

エピソード

父が居間で何もせず椅子に座っていたので声をかけましたが、何の反応もありません。難聴を疑いましたが、好きなテレビ番組の音は聞こえているようで、先日は落語を見て笑っていました。

対応1

正面に回って手を振り、反応があってから声をかける

呼びかけに反応がないと難聴を疑いやすいですが、認知症のある人の場合多くは、雑音のせいでかけられた声に集中できていないこと、注意・意識が向くような声のかけ方ができていないことが考えられます。

あなたが声をかけるとき、まずは本人にあなたを認識してもらうことが大事です。認知症のある

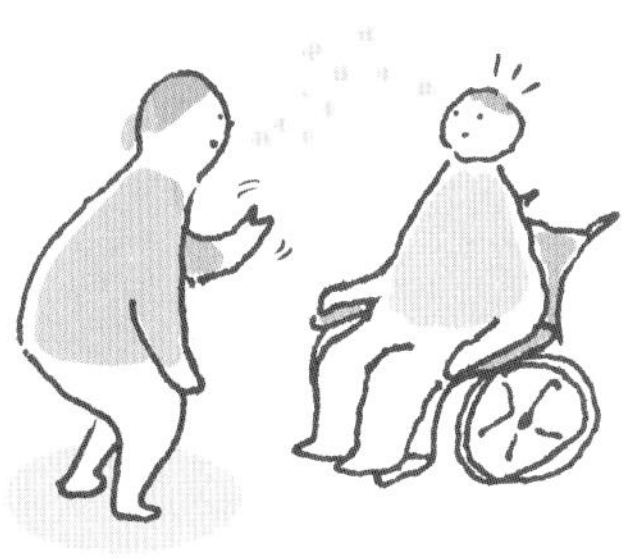

人の視野は以前よりかなり狭くなっていますから、本人の正面に立ちましょう。さらに、動いている物は認識しやすいので手をひらひらと振り、認識されたことを確認してから声をかけましょう。認識していないのに声をかけると驚かせてしまい、それが不信感につながることもあります。

対応2

大きい声ではなく適度な声量で、ゆっくり短い文で話す

認知症のある人に限りませんが、難聴ではないなら、**大きな声で話しかける必要はありません。ポイントは、複雑な言葉を使わず、わかりにくい表現を避けることです。**シンプルでわかりやすい言葉を使いましょう。

また、早口で話したり、急かしたりしないよう気をつけましょう。あなたがゆったりとした気持ちでコミュニケーションをとると、認知症のある人は不思議とあなたの話し方に近いトーンで答えてくれます。

11

会話の場面

何回も昔の話をするとき

エピソード

認知症と診断されて3年ほどの母。私が忙しいときに限って、昔の話を何回もしてきます。イライラして「さっきも聞いたでしょ！　何回も来ないで」とつい言ってしまいます。

対応1

毎回、「そうなんだね！」と初めて聞いたように対応する

認知症のある人は、直前の記憶があいまいになったり消えてしまったりしています。無理はしなくてよいのですが、あなたが否定せず、可能な範囲で毎回**「初めて聞いた」ように付き合うと、本人の喪失感や落胆などの精神状態の低下を防げます。**それは認知症の進行を防ぐことでもあるのです。

常に一緒に生活していると難しいかもしれませんが、ある意味、女優または俳優になりきり、「そうなのね！」と興味がある様子を演じてしまいましょう。そうすると、摩擦が起こらず、意外と関係がうまくいくものです。

対応2

どのくらいの間隔で、どんなときに、どの話を何回話すかをメモする

まず、「話す間隔」を記録しましょう。記憶がおおむね何分もつのかを探ると、次に本人が話しかけようとする時間を予測しやすくなります。次に、「話の内容は毎回同じか」「どのくらいの時間帯に話したがるのか」などを探ってみましょう。これらが把握できれば、法則や理由が何となくわかってきます。単に同じことをくりかえしているだけのように感じていたことも、そうではないかもしれません。対応策が練りやすく、お互いの心が少し楽になり、ストレスが緩和されます。

また、本人が話したいことを予測して、「この話をしたいんだけど」と話しかけてみると、本人は「私をわかってくれている」と感じ、より円滑にコミュニケーションがとれるかもしれません。

認知症介護は、このように**相手の気持ちに寄り添うようにして、いろいろなことを試し、その変化を楽しみながらやってもよいのです。**

このときあなたがくるしくなったら → P150、152、156

12

会話の場面

作り話をするとき

エピソード

母と話をしていると、今までの経過からするとあり得ないような、突拍子もない話をしてきます。悪気があって嘘をついているようにも見えないので、聞いている方は混乱してしまいます。

対応1

間違いを指摘せず、「へえ……そうなんだね。うんうん」と受け入れる

明らかに事実と異なる突拍子もない話を聞くと、周りの人はびっくりするものです。これは、認知症のある人が自分の記憶のあいまいさを補いつじつまを合わせるため、自分の心を守るために紡ぐ「本人にとっての事実」です。誰かに嘘をつこうとか、バカにしようとしているわけではありません。

そこを理解して、明らかに事実と異なる話でも、ひとまず話を聞きましょう。

緊急な用事でなければ、話がズレていても大きな問題にはならないはずです。

ただし、危険なことや他人に悪影響を及ぼすことを話し続けているのなら、い

ったんそのまま話を聞きつつ、本人にも周囲にも安全な方向に徐々に着地させるようなはたらきかけが必要です。

対応2

その話の世界に入り、一緒に楽しく会話してみる

あなたには作り話のように思える話も、本人はいたって真剣です。状況をうまく把握できなかったり、気持ちを整理できなかったりするために、作り話のようになっているだけなのです。

あなたが楽しく話を聞けるときだけでよいので、その話にのり、本人の世界に入り込んでみましょう。どんな世界か知ろうというつもりで、バカにしたり面倒がったりせずに会話しましょう。

自分の世界を共有してくれる人がいると、人は安心し、居心地がよくポジティブな感情をもちます。それは生活全体の質を向上・安定させます。

また、「こう見えているんだな」とあなたが感じることで、それ以外の生活で不可解だった本人の言動を理解するヒントになるかもしれません。

このときあなたがくるしくなったら → P146、158

13

会話の場面

何回も時間を聞かれるとき

エピソード

父は毎日、何回も何回も不安そうに「今は何時？」と聞いてきます。数回なら答えますが、その回数があまりに頻繁で、家族はまいってしまいます。

対応1

「○時○分だよ。何か予定があるの？」と聞き返し、理由を探る

時間を答えるだけでは、本人の「気がかりなこと」「したいこと」がいつまでも見えてきません。**時間を気にしているのは「何かが不安」だから**ということがほとんどなのです。

なぜ、本人が時間を気にしているかを確認しましょう。時間を気にしている理由がわかれば、対応方法も変わってきます。本人の不安が解消されれば、時間を気にしなくてよくなるかもしれません。

対応 2

本人の身近なところに大きくて見やすい時計を置く

頻繁に時間を聞かれないように、家族は本人の近くに時計を置いているかもしれません。しかし、それは本人の目に入らず、理解できていない可能性もあります。次のポイントを再確認してみましょう。

❶ 時計を本人がよく見えるところに置く

認知症のある人は視野が狭くなっていて、注意が向かない位置に置くと認識できないことがあります。正面の確認しやすい位置に置きましょう。

❷ 時刻の表示が大きな時計を選ぶ

文字が大きく、見やすい表示の物にしましょう。

❸ 本人の理解しやすい時計を選ぶ

アナログ時計は、数字や長針・短針のしくみがうまく理解できなくなり、難しく感じる人もいます。数字で示してあるデジタル時計の方がわかりやすい場合もあります。その人に合った時計を準備しましょう。

このときあなたがくるしくなったら → P148、152

14

会話の場面

話好きだったのに、急に寡黙になるとき

エピソード

父は昔、地域の人や仕事関係の人などとよく話をする人でしたが、最近では口数も少なく、急に寡黙になってしまいました。

対応1

言葉が出せないのか、会話がしづらいのかを確認する

まずは注意深く観察し、❶判断ができず答えられないのか　❷答えはあるが言葉が出せないのかを確認しましょう。

名前を呼びかけたときにスムーズに返答があれば、言葉は出せるが難しい会話の判断ができない❶の可能性があります。返答がないようなら、うまく言葉を出せない❷の可能性があります。

対応2

一対一でゆっくりと声をかける

前述の❶の場合、2つ以上のことを判断するのが難しくなり、複雑な話をすることが面倒に感じている可能性があります。また、普通のスピードの会話でも早口に感じることもあり、注意が会話に向いていない可能性もあります。

「静かな環境」「一対一」「ゆっくりとした口調」で、一つひとつ確認しながら話してみましょう。言葉が出てくるようなら、少しずつ会話を増やしましょう。本人が自信を取り戻せば、昔のように話好きが戻ってくるかもしれません。

対応3

難しい言葉を使わずに、短い文で声をかける

❷の場合、**「はい」や「いいえ」など、少ない言葉で答えられるようなコミュニケーションをとりましょう。**本人も困らず、周りの人も本人の意思が確認できます。長い答えが必要な質問をすると、本人は言葉が出せず混乱して、ますますコミュニケーションを避けるようになるかもしれません。

大事なのは、本人とコミュニケーションがとれること。コミュニケーションがとれれば、本人も話すことへの自信を取り戻すきっかけになるでしょう。

15

会話の場面

鏡に向かって話しかけているとき

エピソード

認知症の父は、しばしば鏡に向かってひとりごとを言っています。その後、鏡の後ろを見たり、誰かを探すようなそぶりをしたり、落ち着かなくなります。

対応1

鏡の中の人を指して「この人は忙しいみたい。また今度ね」と言う

これは、現在の自分の顔よりも昔の顔の記憶の印象が強く残っていることにより、**鏡の中の人を「他人」だと思い、言葉をかけている可能性があります。**認知症のある人にしばしばみられる行動です。鏡に映っている人は自分よりも年上に見えるので、敬語を使っていることも多いでしょう。

長く話していると混乱が増し、鏡の裏側を見て中の人を探したり、相手がオウム返しばかりするので怒り出したりすることもあります。本人が鏡の中の人を「他人」と感じている世界を尊重しつつ、やんわり引き離すきっかけを作る言葉かけ

をしてみましょう。

対応２

鏡をポスターやカレンダーで隠す

そもそもこうした混乱を予防するための対策として、鏡をポスターやカレンダーで隠したり、備え付けの鏡を外してしまったりするという方法もあります。

鏡だけでなく、特に夜間は自分が映り込んだガラスにも反応することがあります。厚手のカーテンで隠したり、室内の照明を調節したりするなどの工夫も有効でしょう。

一方、本人が鏡の中の人と話をして上機嫌であれば、コミュニケーションのよい機会と捉え、その行動を止めなくても大丈夫です。

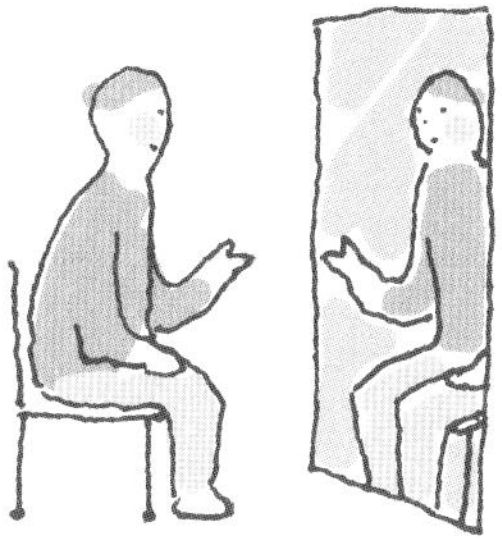

16

会話の場面

故人を生きていると思い込んでいるとき

エピソード

義母は、自分の家にいるのに、「父さんと母さんにしばらく会っていない。会いたい……。心配していると悪いから帰る」と言います。義母の親は、とっくの昔に亡くなっています。

対応1

一生懸命に話していることを理解し、話を聞ききる

本人の中で、最近の記憶より昔の記憶の方が鮮明に残っている場合、今がその当時だと思い込んでいることがあります。また、記憶に欠けた部分があり、出来事を時系列でつなげられず、支離滅裂になることもあるでしょう。

しかし、本人は残された記憶を何とかつないで、一生懸命に話しています。この段階で**亡くなった事実を突き付けると、本人はショックを受けてしまいます。**家族は何かをしながらでもよいので、まずは本人の話に付き合い、言いたいことを聞ききることができれば、お互いにストレスが減っていきます。「**疑わず、盛**

り上げず」というニュートラルな姿勢で聞くことがポイントです。

対応2

遺影などを目につくところに置き、「もう○回忌になるね」

話を聞いて本人が少し落ち着いたら、その人との関係性を聞いたり、思い出を話したりして少しずつ記憶をつないでいきましょう。すると、本人は少しずつ納得し、矛盾を修正していくことができます。

亡くなったことがわかる物を使うのも効果的です。遺影や葬儀の写真、位牌などをそれとなく見せつつ、亡くなったことを前提に話をすると、本人が自分で気づくことができます。

レビー小体型認知症の場合、似た状況と現状とを勘違いしていることがあります。例えば、**テレビドラマや他の人の話などと自分の現実の話がごちゃまぜになったりするのです。勘違いしやすい環境を見直すことも必要です。**

17

会話の場面

家にいるのに家に帰ると言うとき

エピソード

母は、家にいるのに、「家に帰らせてもらいます」と言います。「どこに帰るの？　もうすぐご飯だよ」と言っても、「帰りたいから帰るの！　ご飯はいいから帰ります」と言って聞かなくなります。

対応１

「そうだね。帰りたいよね」「どうして帰りたいの？」

本人が「帰りたい」なら、**まずは「帰りたいよね」と返してあげましょう。**本心でそうは思わなくても、本人の世界を想像し、共感する言葉をかけることが重要なのです。

帰りたい場所は、「安心で落ち着ける場所」「心配事を解消したいと思いの残る場所」など、本人が感覚的に求める場所です（P38参照）。共感した後は、「今、本人はどこにいるか」「どんな家をイメージしているのか」「帰る目的は何か」などを、対話の中から探りましょう。

対応２

「今いる場所」に何か居心地の悪さを感じていないかを探る

今いるところの居心地が悪く、「不安」「不満」「暇」「何をすればいいかわからない」から、「帰る」という行動につながっていることがあります。「帰る先」のことよりも、以下のようなことをチェックして、今いる場所が居心地がよいか確かめてみましょう。

□ 本人はここにいる人をどう認識しているか
□ 家具などの模様替えや片付けなどで環境が変わり戸惑っていないか
□ 怒られたり、孤独を感じたりと、不快な出来事や体験がないか
□ 「私がご飯を作らなくては」と思うような夕食時などの時間帯ではないか

18

会話の場面

大事な物がないと騒ぎ出すとき

エピソード

認知症のある夫は、いつも通りに生活していても、急に「大事にしている万年筆がない！」「手帳がない」などと言い出します。なかなか見つからないので、大騒ぎです。

対応1

「一緒に探してみよう」（なければ）「見つからなくてごめんね」

記憶のあいまいさから、本人にとって大事な物がなくなると、不安はより高まります。「そこにあるじゃない！」といった言葉かけは不安を増長させるでしょう。見当たらないと思われる場合でも、本人と一緒に探すだけで不安が穏やかになることがあります。また、時間が経つと探していたこと自体を忘れ安定することも。

「ない物を探す」ことにとらわれず、本人の感情に目を向けて対応しましょう。

一緒に探しても見つからず、「ない、ない」と騒いでいる場合、「探したけれど見つからない。ごめんね」と、今は見つからないことを謝りましょう。認知症があっても、感情は豊かで、心からの行動と謝罪は本人に届きます。一方、たいして探してもいないのに謝っても、不誠実だと思われるので注意しましょう。

対応2

本人にとって大事な物は同じところに置く

同じ物を何度も探しているような場合は、**その「物」自体の置き場所を本人と家族で決め、共有しておくと、本人の「心配」を軽減できます。**

こう決めても本人が「ない！ ない！」と騒ぎ、結果的に決めた場所にあったとしても、本人に「よく探さないからよ！」などとは伝えないようにしましょう。**忘れてしまうのは認知症のせいで、本人のせいではありません。**自尊心を損なうような対応をすると、その後の信頼関係に影響が出てしまいます。

このときあなたがくるしくなったら → P148

19

会話の場面

失敗を誰かのせいにするとき

エピソード

認知症のある母。トイレで失敗したことを孫のせいにしたり、自分でお風呂の水を出し放しにしてあふれさせると、「あなたがしたんでしょ」と人のせいにしたりします。

対応1

「あー……そうだったっけ」とぼかして本人に問いつめない

認知症により記憶があいまいで、さらに本人自身が「失敗するはずがない」と強く思いたいことにより、目の前に起きたことを「そんなはずはない」と考え、「誰かが起こしたこと」にしてしまいます。事実はどうあれ、本人にとっては「誰かが起こしたこと」なのです。そのため、**本人に「あなたが失敗したんでしょ」と失敗を認めさせるのは避けましょう。**認知症のある人は、その事実をもはや思い出せませんし、「そんなはずはない」という怒りの感情が湧き上がり、その結果、情緒が不安定になり、より対応を難しくしてしまいます。

家族には難しいかもしれませんが、あなたのせいにされた場合は、「認知症のせいだなー」と割り切ってしまいましょう。

対応2

「そうだね　どうしたんだろうね」

もし本人があなた以外の人のせいにしているなら、話をよく聞きましょう。失敗したのは誰でもない本人であることは明らかでも、それを指摘すると本人とあなたの関係性が悪くなります。

話を聞く途中で気持ちが落ち着き、他のことに気を向けられるかもしれません。なぜその人のことを悪く言うのかも聞けるかもしれません。

このときあなたがくるしくなったら → P150、160、162

20

会話の場面

食べたばかりなのに「ご飯はまだ？」と言うとき

エピソード

義父は、30分前に夕飯を食べたのに、「ご飯はまだ？」と言ってきます。義父の希望に合わせて早い時間に食事を作り、毎食自分の部屋で私たちよりも先に食べているのに……。

対応1

「まだ食べていないものね」「お腹空いた？」「今準備しているので30分待っててね」

一生懸命介護している家族は、「さっきも食べたでしょう！」と言ってしまいたくなりますが、本人には受け入れにくい表現です。**「さっき」は、認知症のある人の中にはすでに存在していませんし、時間の感覚もあいまいです。**

それよりもまず、「食べていない」「空腹」という世界観に付き合いましょう。「何分待つのか」という時間を具体的に伝えると、見通しが立ち、安心することもあります。それでも落ち着かなければ、「それまで何か食べる？」と聞き、「食べる」との返事であれば、小鉢やフルーツを出すのも一つの手段です。

対応2

できるだけ一緒に食べ、すぐに食器を下げずに残しておく

家族みんなで食べるのが難しい状況もあるかもしれませんが、**1人で食べると、「食べた」という記憶が薄れやすいものです。**誰かと一緒に食べ、目の前に「自分が食べた形跡」があると、食べた記憶は濃くなり、視覚から「あ、私はもう食べたのかな」と自分で納得できます。目に見える環境を作り、事実を認識できるように誘導していきましょう。

また、夕飯の時間を本人が自分で把握でき、自分で考え納得して行動を決められるような環境作りも大切です。文字が読めるなら、「夕飯は〇〇時です。少々お待ちください」と書き、本人に見やすい場所に時計と並べて貼り出すという方法もあります。

このときあなたがくるしくなったら → P152

21

食事の場面

ご飯を食べ過ぎるとき

エピソード

認知症の母が、「まだご飯を食べていない」と、何回も夜中に食べ物を探して冷蔵庫の中をあさります。しかたがないので母の部屋に冷蔵庫を置き、いつでも食べられるようにしたら体重が増えて……。

対応1

「食べたいよね……でも、体が心配だよ……」

前頭側頭型認知症の場合や、アルツハイマー型認知症で前頭野が萎縮するなど、前頭葉の細胞に損傷を受けた場合に、過食・異食、収集など、欲求への抑制がきかなくなる症状が現れることがあります。また、記憶障害や食欲の調整機能がうまくいかなくなって、がまんがきかなくなっていることも考えられます。

まずは、「食べたいと思ったら食べずにいられない」という本人の心情をあなたが代弁し、その後体を気にする言葉をかけてあげましょう。「そうなのよ！」という安心感と、「心配してくれている」という信頼につながるでしょう。

対応2

1日5~6食に分けて、少量ずつ食事を出す

1日3食ではなく、**5食、6食と小分けにして食べてもらう方法もあります。**また、自室に冷蔵庫を置く場合も、中には適量の食料を置きます。よく噛む必要があり食べるのに時間がかかる物（ただし誤嚥に注意）や、飴、カロリーの少ない物などを、持病を考慮した上で選んで、置いておくのもよいでしょう。

どの時間帯に食べたくなり、どのくらいの量を食べてしまうのかを把握しておくことも、大事な情報となり、過食の予防策を立てるのに役立ちます。

対応3

役割ややることを増やし、「食べたい」と思う時間を減らす

何もすることがないと「食べたい」と考える時間が増えます。規則正しい生活リズムと本人の役割、外出や人とのかかわりをもつなど、「食べたい」と考える時間を、**他のことに意識を向けることで埋める**という方法も試してみましょう。

22

食事の場面

食べてはいけない物を食べようとするとき

エピソード

母は認知症がかなり進んでいます。ときどきティッシュペーパーを口の中に入れてモグモグしていたり、ボタンを口に入れてなめていたりするので、危ないと感じます。

対応1

目や手の届かない場所に置く

食べられない物を「異物」だと認識できず、「食べ物」と錯覚している場合、「何を」「何と間違って」「なぜ」食べようとしたか？ を突き止めることが重要です。

介護の現場でよく間違えて食べてしまう物としては、下記の物が挙げられます。飲み込むと命にかかわる危険な物もあります。

- ティッシュペーパーや脱脂綿（綿あめと錯覚）
- 紙おむつのポリマー（まんじゅう、綿あめ、お菓子と錯覚）
- ボタンや石鹸、芳香剤のゲルビーズ（飴と錯覚）
- おしぼり（巻き寿司と錯覚）
- ビニール、ペットボトルのキャップ、たばこ、甘い味の薬

本来は、本人の周囲から物を排除することは、本人の自由を奪うことになるのでお勧めできません。しかし、あまりにも体に影響が出そうなら、誤嚥しそうな物だけを、目に入らず手の届かない場所に置いておきましょう。

対応２

食べる間隔など、生活のリズムのメリハリをつける

間違って「食べる」ということは、お腹が空いているのかもしれません。食事の提供スタイルを見直し、提供時間や量、カロリーなどを工夫しましょう。食べる間隔を空けて、**空腹と満腹のメリハリをつけることも有効です**。逆に、必要なら小腹を満たす程度の間食を入れてもよいでしょう。

また、**食べる以外にすることがないことも影響している可能性があります**。空白の時間を、例えば散歩や趣味、何か本人にもできる役割などにあてるのもよいでしょう。ただし、その活動の際にも、何かを口に入れてしまわないように注意は必要です。

このときあなたがくるしくなったら → P166、174

23

食事の場面

食事が途中で止まるとき

エピソード

母はアルツハイマー型認知症とレビー小体型認知症の合併した認知症を患っています。食事のとき、食べ物は見ていても箸が止まり、促しても途中から食べなくなってしまいます。

対応1

食器の色や位置を変えるワンプレートで盛り付ける

認知症の進行が中等度あたりになると、物や形、奥行き、**色などが認識できなくなる症状が出ることがあります。**すると、「白いご飯茶碗に白いご飯」などが認識しにくくなります。器（内側も）を黒っぽい物にする、ご飯にふりかけをかける、味付けご飯にするなどの工夫をすると認識しやすくなります。

また、食器の位置を本人がわかりやすいように工夫したり、おぼんを使うなどして置く場所を区切りわかりやすくしたりする方法もあります。品数が多いと何を食べていいか迷ってしまう場合は、ワンプレートに盛り付けましょう。

対応2

声かけの頻度を見直し食事の環境を整える

言葉の理解がしにくくなっているなら、「ご飯を食べて」と頻繁に促すと、本人が「雑音」としか捉えなくなり、反応しなくなることがあります。声かけは大きな声でせず、テレビなども消して、**食事に集中できる静かな環境を作りましょう。**

また、認知症が進行し、箸の使い方がわからなくなったり、目の前の物が食べ物かどうかわからなくなっていたりする可能性もあります。レビー小体型認知症なら、自分で体を動かそうと思っても動かせず、緩慢になる症状の影響かもしれません。

食事は命にかかわる大切なことです。食べなければ体力も筋力も落ちてしまいます。状況をよく観察し、認知症に詳しい主治医など専門家と一緒に考えていくことをお勧めします。

24

食事の場面

傷んだ物を食べてしまうとき

エピソード

義母は、冷蔵庫の中のお惣菜が、明らかに古くなったり悪くなったりしていても、「食べられない」という判断ができないのか、食べてしまいます。その後、下痢をして、家族が困ります。

対応1

本人と一緒に日付を確認して管理する

認知症がなくても、食べ物の期限や傷んでいるかどうかの判断はつきにくいことがあります。時間軸や記憶があいまいで、判断がつきにくい認知症のある人ならなおさらです。しかし、健康にかかわることなので、食べ物の管理の具体的な対応が必要になります。

本人が自分で管理できる場合は、**食材とその期限を一緒に確認して紙に書き込み、冷蔵庫に貼っておき、ときどき家族が確認する**のもいいでしょう。

本人が自分で判断するのが難しい場合は、家族が定期的に確認するか、訪問介護などのサービスを利用する際に確認してもらうとよいでしょう。

対応2

食べる分だけ用意する

作り置きは便利ですが、**傷んでしまうリスクが高い場合は、できるだけそのときに食べる分だけを用意する**ようにしましょう。

余った分は保存しますが、「冷蔵庫にはなるべく少なめに入れておこうね」と、本人とも話しておきましょう。

25

入浴の場面

声をかけてもお風呂に入りたがらないとき

エピソード

元気な頃はとても楽しみにしていたお風呂。最近急に入らなくなりました。家族から声をかけても、入ろうとしません……。

対応1

「新しい、着心地のよい服に着替えようか？」

入浴はとても複雑な認知機能を使って行う行為です。こうした行為が難しくて嫌になるのを防ぐには、あまり多くのことを行わず、現状でも理解できるシンプルな行為を提案するとよいでしょう。例えば、「お風呂に入る」より「新しい洋服に着替える」という行為の方が理解しやすいことがあります。「着心地がいい」というポジティブな言葉も盛り込み、簡単なことから勧めてみましょう。

入浴のきっかけとなる「着替え」に着手したタイミングで、「服を脱いだから、このまま温かいお湯に入らない？」と提案をして、入浴につなげてみましょう。

対応２

「着替えの準備をしておいたよ」

私たちも、入浴という複雑な行為が「おっくう」になり、入りたくないときがあります。着替えが整い、「あとは入るだけ」となれば、**「じゃあ入るか！」とその気になる可能性も高まる**でしょう。

対応３

「もう夜だね。体を温めてからゆっくり休まない？」

認知症のある人は時間の感覚がおぼろげなので、「今はお風呂に入るタイミングではない」と判断していることもあります。夕方〜夜だということをさりげなく知らせながら、「疲れた体を癒す」「あったかい」「ゆっくり休む」など**ポジティブでお風呂を連想させる言葉を積極的にかけてみましょう。**

このときあなたがくるしくなったら → P154

26

入浴の場面

脱衣所に行くと入浴を嫌がるとき

エピソード

声をかけて入浴を促すと、一緒に脱衣所までは行くのですが、急に「入らない」と言い出し、かたくなに入ろうとしません。

対応1

「湯加減をみてきてくれる?」

認知症のある人は、ある一連の行為の途中で嫌になってしまうと、その意思を変えないことが多い傾向があります。そうならないよう、本人に**あらかじめお風呂に入るイメージをもたせ、心と体の準備をしてもらいましょう。**

湯加減をみることで、脱衣所や浴室の雰囲気を本人が直接確認できます。「そろそろお風呂だ」というイメージにつながり、心の準備がしやすくなります。

ちなみに、脱衣すると尿意を催すこともあるので、入浴前にトイレをすませておいてもらうことも大切です。

対応２

部屋の寒暖差をなくしておく体を隠すためのタオルを渡す

室温や恥ずかしさにも目を向けてみましょう。本人が裸になる脱衣所。周りの人は服を着ていて気づかないかもしれませんが、本人は想像以上に寒さに敏感な場合が多いのです。居室などと脱衣所、さらに浴室内の室温を再確認しましょう。あらかじめ脱衣所や浴室を暖めておくと、スムーズに入浴できる傾向があります。

また、男女にかかわらず、他の人から本人の**裸が見えないような配慮も必要です。**特に女性の場合は家族であってもなるべく配慮しましょう。うまく言葉にできないこともあるので、家族や支援者が配慮しましょう。

どうしても入りたくないようなら「足浴」「清拭」に切り替えましょう。足を温めると、お湯の気持ちよさを感じ、「じゃあ全身入ってみようか」となるかもしれません。その日はダメでも、次につなげるために「次回は入りましょうね」と声をかけておくことは大切です。

27

トイレの場面

汚れた物を隠すとき

エピソード

認知症の父が、汚れた紙パンツを押し入れのタンスの奥に隠してしまいます。家族が発見したときはすでにパリパリに乾いていますが、臭いがしますし、なんといっても不衛生で困ります。

対応1

本人に見られないように片付け、責めない

下（しも）の失敗は、特に配偶者や子どもに指摘されたくないものです。自分で見つけると、「恥ずかしく、怒られそうな気がする（自分にとって嫌なことは感覚的に覚えている）」「まだ自分はこんな失敗はしないはず」「どう片付けていいかわからない」という気持ちになりやすく、失態を見えないところへと隠してしまいがちです。

その気持ちをできるだけ尊重し、**くりかえさないように、**

見つけても責めないでおきましょう。片付けるのは大変ですし、イライラするとは思いますが、本人がいないところでそっと片付け、言葉でとがめることは止めておきましょう。

対応2

「ここに捨ててください」と書いたゴミ箱を置く

汚れ物を自分1人で適正に処理できれば、自尊心は守られますし、問題は大きくなりません。例えば居室に大きなゴミ箱を置き、「ここに捨ててください」と紙に書いて貼っておく、汚れた衣類を入れるところを明確に示しておくなど、**捨てる場所をわかりやすく示しておきましょう。**替えの紙パンツや衣類も、わかりやすいところに準備しておきましょう。

そもそも、トイレの場所がわからず失敗していることも考えられます。排泄の、どの段階で失敗するのかを観察し、それに応じた工夫や**着脱しやすい衣類に変更する**ことなども検討してみましょう。

このときあなたがくるしくなったら → P154、156

28

トイレの場面

慣れているはずのトイレで失敗が続くとき

エピソード

最近母はトイレに間に合わず、下着を汚してしまいます。しかし、家族には言わないので、困ってしまいます。

対応1

一目でわかるように、トイレの扉を開けたり、「トイレ」と表示したりする

排泄したくても、どこがトイレか認識できず、たどり着けずに失敗してしまうことがあります。また、たどり着けても、トイレ内の便器の形状やその使い方などがあいまいになって、排泄動作がうまくできないこともあります。

例えば、トイレの扉を少し開けておくと場所がわかり、認識しやすくなります。また、トイレ内では、「ここで用を足しましょう」とよく見えるところに表示すると本人は理解できます。私たちは「そんなことが？」と感じますが、こうしたとてもシンプルなことが抜け落ちてしまうのが認知症なのです。

対応2

自分で交換できるように尿とりパッドなどをトイレに準備しておく

排泄の失敗では、とにかく本人の自尊心を第1に考え、それを責めないことが大原則です。「また失敗したの？」と他者から責められたと本人が感じたら、失意のまま心を閉ざしてしまうこともあります。

少しでも失敗する徴候が見られたら、**早めに自分で処理できる環境を考えましょう。** 例えば、失敗しても処理が楽にできるように、尿とりパッドなどをトイレに用意しておくとよいでしょう。本人が自分で交換できるようにすることで、家族の負担を軽減し、本人の自尊心を守ることができます。

このときあなたがくるしくなったら → P148、156

もしも

あなたがこの世界にいたら？

家のトイレが3キロ先に移転したら、あなたはそのトイレを探すことができるでしょうか？　道中で間に合わず失敗してしまったところを、家族に「ちょっと！」と責められたら、恥ずかしさで消え入りたくならないでしょうか？

29

トイレの場面

流してはいけない物をトイレに流してしまうとき

エピソード

最近、紙パンツや流せない紙などでトイレが詰まるトラブルが多発しています。祖母の使用後に詰まることが多いので、流しているのかも……。

対応1

「流せない物」「捨てる場所」をわかりやすく表示しておく

「汚れた物は必要ない」という感覚から、汚れた尿とりパッドをトイレに流してしまうことがあります。「流しちゃダメでしょ！」と伝えても、忘れてしまうことが多いでしょう。自尊心を損ねると、汚れた物をより隠すようになります。本人が自分自身で適正に処理できるような環境を整えましょう。

記憶の低下がみられる場合は、**話して伝えるのではなく、文字や写真が有効なことも多いです。**尿とりパッドの写真に「流せない」「×」、トイレ内に用意したゴミ箱に「汚れた物はこちらに⬇」と書き、見えやすいところに貼りましょう。

対応2

トイレに尿とりパッドやパンツを用意しておく

トイレは個室なので、流してはいけない物を流すことができる場所ですが、**失敗したパンツをこっそり交換できる場でもあります。**

トイレ内に替えのパンツや尿とりパッドを用意し、「交換用パンツ（パッド）」などと表示しておきましょう。認知症のためにできないことが増え、物事の判断が難しくても、恥ずかしい思いをせずに自尊心を保てる工夫をすれば、穏やかに過ごすことができるのです。

もし、失敗したパンツをトイレ内のゴミ箱に入れられなくても、便器に流して詰まったり、他の場所に隠したりしないだけで、家族としては助かりますね。

30

トイレの場面

トイレ以外でおしっこをするとき

エピソード

父は夜間、尿意を感じて起きるのはいいのですが、トイレの場所がわからず、がまんできなくなり、目立たない部屋の隅で排尿してしまいます。朝家族が気づいて、大騒ぎです。

対応1

トイレの方向を知らせる表示を目に入る場所に設置する

起きてすぐは、誰でもボーッとします。ましてや認知症のある人なら、記憶と場所の見当がつかず、トイレの場所がわからないけれど、誰かに聞くのも申し訳なく、間に合わないのでそこにしてしまう……ということもありえます。

排尿動作ができるのですから、「トイレの場所」をわかりやすくすればよいのです。起きたとき、目の前に「トイレはこちら⬇」と表示されていれば、誰にも教えてもらうことなく、トイレに行けます。**本人の自尊心を大切にし、自分自身でトイレに行けるようにすることで、本人の自信になり、安心感も増します。**

対応2

夜は、足元をトイレに向かってライトで明るく照らす

本人は夜起きて、自分自身がどこにいるかわからず、トイレに行きたくてもどこにあるか見えないために、行けないのかもしれません。**本人の注意がトイレに向くように、足元を明るく照らしましょう。**人感センサータイプのライトも有効でしょう。**トイレは明かりをつけて、扉を開けておくと、遠目にもトイレだと認識しやすく、足が向きやすいでしょう。**

対応3

いつもトイレを失敗するところに「大事な物」を置いておく

どうしてもトイレの失敗を避けたい場合、その場所に「高そうな物」や「大事そうな物」、神棚のような「高貴な物」「ありがたそうな物」を置いておくと、排尿できないものです。しかし、排尿できないのは体によくないので、並行してトイレでの排尿を促す対応も行いましょう。

このときあなたがくるしくなったら → P150、156

31

トイレの場面

便をいじり、後始末に困るとき

エピソード

朝、父を起こしに部屋に行ったら、壁や布団に茶色い便をなすりつけた形跡がたくさんありました。目を疑うような光景でびっくりし、「どう片付けたらよいのか」と落胆しました。

対応1

排便時間を記録し、排便のタイミングでトイレを促す

驚かれましたね……大変なことではありますが、ひとまず、怒らないでおきましょう。こういうことは、珍しくはないのです。

予防策を練りましょう。日ごろから、尿・便の時間や間隔を緻密に観察・記録し、トイレへの誘導時間やおむつ交換のタイミングがぴったり合うよう調整しましょう。**便が放置される状況を作ると、その気持ち悪さから触ってしまうかもしれません。**記録は医療者に排便コントロールの相談をするための情報としても役立ちます。

対応2

下剤などの影響で下痢をしていたら、医師に相談

生活習慣や体質、食べ物・水分、活動性などによって、便秘になりやすい人もいます。そのつらさから、自ら肛門を触って出そうとする場合もあります。

また、認知症のある人は自律神経の乱れにより排便コントロールが難しくなりがちで、よく下剤を使用しています。しかし、下剤の種類や効用（便を軟らかくする、便意を誘発する、など）が本人に合っていないと、ずっと下痢が続いて落ち着かず、不機嫌になったり歩き回ったりなど心理や行動にも影響します。がまんできず便が出てしまうと、それをいじる行為につながりやすいでしょう。

このときあなたがくるしくなったら → P150、156

もしも

あなたがこの世界にいたら？

お尻がモゾモゾして、触ったら何かがついてしまいました。近くにタオルやハンカチはなく、どこで拭けばいいのかわかりません。臭いもぼんやりして、これが何かわからない……あなたはどうしますか？

32

身じたくの場面

かたくなに洋服を着替えないとき

エピソード

父は最近、ずっと着続けて汚れた服のまままで過ごしています。着替えを勧めますが、「今はいいよ!」と言います。そのままにしていると着替えません。

対応1

「着替えを手伝うよ。準備もしてあるよ」

直接「汚れているから」と言うなど、自尊心が損なわれるようなかかわり方は、本人を余計にかたくなにします。

着替えない理由は、手順がわからなくなっていて、「着替える」という行為が本人にとって、とても難しいことになっているからかもしれません。

着替えには、「着て行く場所などを考えて服を選ぶ」「服を順番通りに着る」などの複雑な選択や手順が必要です。**家族がその日に合った洋服を選び、着る順番がわかるように準備してあげるとスムーズに着替えやすくなります。**全てに手を貸さず、自分でできることは自分でやってもらい、ほどほどに手伝いましょう。

対応 2

「今日は暑いねえ」と少しずつ雰囲気をなごませる

着替えの必要性がわからないと、促しても、「今、着替えたくない。めんどくさい！」と拒否されてしまうでしょう。

最初はそれとなく気温などの話をし、それと関連づけて徐々に着替えが必要だと伝え、「今が着替えどき」と具体的に認識してもらいましょう。本人が少しでも着替えの必要性を理解できたら、着替えてもらいやすくなります。

対応 3

「今日は病院に行く日だよ。着替えて行きましょう」

外出の機会を利用してみるのも一つの手です。**着替えることに「目的」があれば、自ら着替えをする人もいます。**通院は、とてもよい着替えの機会です。事前に準備をして、スムーズに着替えてもらいましょう。「自分でうまく着替えられた」という成功体験が、次の着替えもスムーズにします。

このときあなたがくるしくなったら → P154

33

身じたくの場面

身なりに構わなくなったとき

エピソード

父は昔、かなりダンディで室内でも服をピシッと着ていました。しかし、最近急にだらしなくなり、無精ひげが伸び、髪も整えず、パジャマのままで過ごしています。

対応1

「その洋服、いいね!」

服装は価値観を映す鏡のようなもの。認知症の影響で判断力が低下し、客観性をもてず、自信もなくなり、徐々に身なりに構わなくなることがあります。

それならば、**本人が「自分の価値観を思い出すきっかけ」を作りましょう。**例えば、本人が以前着ていたお気に入りの服を、あえて今、着てもらうのもよいでしょう。朝や入浴後に用意しておき、本人に見せてみましょう。

大切なのは、それが似合っていてもいなくても、全力でほめることです。失った自信が戻れば、着替えへのポジティブな行動が期待できるかもしれません。

対応2

「新しいシェーバーでひげそりをしない？」

朝、着替えの後にササッと髪を整えたり、男性なら入浴時にちょっとひげや鼻毛を剃ったり、女性ならお化粧を促したりするのもよいでしょう。**体がさっぱりする、または美しくなることの気持ちよさ、気分の高揚を感じてもらう機会を、意識的に作るのがポイントです。**しつこく勧めるとストレスになるので、あくまでもさりげなく、自然に促してみましょう。

対応3

「贈り物のお返しを買いたいから、○○百貨店に行かない？」

現在、本人は、外出の機会があまりないのではないでしょうか。それが身なりを気にしない一因になっているかもしれません。

まずは、近場で不特定多数の人がいる、**少しフォーマルな場所に行くことを口実に、身なりを整える提案をしてみましょう。**「百貨店＝おしゃれをして行くところ」と昔の記憶が呼び覚まされ、前向きに着替えてくれることも考えられます。

言葉かけ&接し方

34

身じたくの場面

暑いのに着込んでいるとき

エピソード

週に1度、実家の母のご飯作りや身の回りの世話をしに行っていますが、8月の暑さの中で、冬の服を着込んでいます。おしゃれな母だったのに……。

対応1

「もうすぐお盆ね。毎日暑いね！」「今年の夏は暑いね」など毎日伝える

高齢者は、寒さ暑さを感じにくくなりますが、認知症の影響でさらに季節感がわからなくなるため、「暑い時季に厚着」というスタイルになりがちです。暑さの自覚症状がないために、脱水になりやすいので注意したいところです。

訪問時だけでもよいので、**会話の中にさりげなく季節の話題を（頻繁に）入れ、カレンダーを目立つ位置に貼るなど、季節がはっきりわかるように、環境を整えて、**「今は夏なのね！　半袖を着なくちゃね」と、本人が季節を目と耳で認識できるようにしましょう。

対応2

一緒に衣替えをする

今の季節を認識してもらうためには、**本人が一緒に季節の移り変わりを体験することも大切**です。例えば、一緒に「衣替え」をしてみましょう。本人のお気に入りの夏服があれば、それを目につくところにかけておくと、自らその服を選ぶかもしれません。

ちなみに、**着慣れた服やお気に入りの服は、なるべく捨てずに数着は残しておきましょう。**その服が目の前にあるということが、「自分がいるべき場所」という確認となり、本人が安心する要素にもなります。

35

身じたくの場面

服の着かたがわからないとき

エピソード

父は、今まで普通に着られた洋服を逆さまに着たり、袖に腕を通すことがうまくできなかったりします。1人で着替えてもらうと、ボーッとして全く進みません。

対応1

ボタンが少なく、伸縮性があり着やすい生地の服を選ぶ

生地が伸縮しない服、ボタンが多い服は、着にくかったり、着るのに手間がかかったりします。認知症のため物事の判断が難しくなり、服の構造がわからなくなってくると、「着るのが面倒な服」になるのです。

気に入った服を着ることはもちろん大切ですが、1人で着替えてもらう場合には、本人の意向も確認しながら、**シンプルで着替えやすい服を選ぶようにしましょう。**

対応２

服の裏側に「上」「下」と表示し着替える順番に重ねる

服の構造、特に上下がわからなくなっている場合は、裏地に印をつけておきましょう。他の人から見えないようにつけるのがポイントです。

また、着替える順番がわからない場合は、上から手にとると正しい順番で着られるように準備しておくとよいでしょう。服をただ無造作に置いておくだけでは、衣類と認識しないこともあります。

対応３

「ここに右の手を入れるよ」と袖に手を入れて見せる

洋服の着方がわからない場合、言葉で説明しても伝わりづらいので、その場で手を袖に入れて見せながら実演するとよいでしょう。真正面からだと理解するのが難しくなるため、できれば横に座り、同じような動作を見せましょう。これを何回も行うことで、少しずつ１人で着られるようになるかもしれません。

このときあなたがくるしくなったら → P148、150

36

体調・生活リズムが気になる場面

昼夜逆転しているとき

エピソード

父はどんなに言っても昼に寝てばかり。そのせいか、夜に活動的になり、あまり寝ません。家族の生活リズムと逆なので、困ってしまいます。

対応1

現在内服している薬の影響を調べる

持病などがあると、その内服薬に眠くなる副作用がある物もあります。日中どうしても眠くて寝てしまい、そのせいで夜眠れないようなら、まずは現在内服している薬の影響を疑いましょう。

もし、**副作用による眠気があるなら、主治医に相談し、副作用が出づらい物に変更してもらいましょう。**ただし、薬の変更は、医療者に相談・確認してから行い、独断でするのはやめましょう。

対応2

「家の周りの落ち葉を掃いてくれる？」と役割を依頼する

時間の感覚があいまいになると、生活のリズムがうまくとれず、日中に寝て夜間に起きる状態になります。そのときはまず、本人が日中にどの程度活動しているかを把握しましょう。**活動量が少ないようなら、少しずつ本人の好きなことやできそうなことをはたらきかけてやってもらいましょう。**例えば、手伝えそうな家事のほか、近くの趣味の集まりに参加するのを提案してみてもいいでしょう。苦手なことや難しいことを求めると、「もうやりたくない」と拒否されてしまうかもしれません。どんなことをどの程度やってもらうか、本人とよく相談して決めましょう。

また、**日光を浴びることは睡眠の質や生活リズムに影響を及ぼします。**できれば午前中、屋外で手伝ってもらえることをお願いする、日当たりのよい室内でのんびり過ごすなど、日光浴ができる状況を作り、睡眠リズムの改善を図ってみてはどうでしょうか。

このときあなたがくるしくなったら → P164、178

37

体調・生活リズムが気になる場面

夜、室内をウロウロ歩くとき

エピソード

父は週に3回ほど、夜中に家の中をボーッとした表情でゆっくり歩きまわります。声をかけても反応が薄く、ふらふらしながら歩いているので、転びそうで心配です。

対応1

明かりをつけ、少し遠めの正面から、穏やかに声をかける

この状態は、「夜間せん妄」といって、**意識がややもうろうとし、時間や場所などがわからなくなって不安感が高まった状態です。**夢か現実かわからず、ボーッとしているため、周囲の人とはあまり会話が成立しません。

❶ 薄暗いと人を認識しにくいため、明かりをつける（急に明るくしない）

❷ 視野が狭くなっているので、少し遠めの正面からゆっくり近づき、手を振ったり声をかけたりして反応を確かめる（大きな声は出さない）

❸ 反応がない場合、話をするのは難しい状態。①②を何度か試していると反応するときがくるので、焦らずその機会を待つ

❹ 一対一で、ゆっくりと穏やかに話す（複数でかかわると恐怖感を与え、自己防衛で攻撃されることがある）

まず、あなたを認識してもらい、ゆっくりと会話をしましょう。このときのポイントは右ページ下の通りです。

対応2

脱水や薬の副作用、周囲の音、体の痛みなど、原因を探る

頻繁にせん妄になる場合は、原因の追究が大切です。脱水や服薬状況、体の痛み・痒みなどが考えられる場合は、かかりつけ医や薬剤師に相談してみましょう。特に薬剤師は薬のスペシャリストで、最近はかかりつけ薬剤師として24時間対応してくれるサービスもあるようです。

また、**心が休まらない環境も、せん妄の原因となります。**周囲がうるさいなど落ちつかない環境や、殺風景な周囲の景色、人とかかわりの少ない孤独で不安な環境などが改善すれば、せん妄は改善できるでしょう。

このときあなたがくるしくなったら → P174

38

体調・生活リズムが気になる場面

体調が悪そうだが、うまく伝えられないとき

エピソード

最近父は何だか顔色が悪く、調子が悪そうなのに、「どうしたの?」と聞いても、「ん」と言うだけで、言葉で伝えてきません。どうしたらいいかわからない状態が続いています。

対応1

体温・血圧などを測定する

この場合、本人の体調確認が最優先です。まずは体温や血圧などを測定して数値を確認し、客観的な状態把握をします。異常な数値がみられたら、早急にかかりつけ医に連絡するなど医療につなげます。もし、数値に異常がみられなければ、**対応2**でも述べるように、その他の変化を探しましょう。認知症の影響により、うまく言葉にできず不調を正確に伝えられないため、周囲の気づきが重要になります。

高齢者の体温・血圧正常値のめやす(参考)

体温:36〜37℃前後
血圧(家庭で測定した場合):
最高125〜139mmHg、最低血圧65〜85mmHg
個人により大きく異なる。日ごろからその人の平常値を知っておくこと　※血圧は、日本医師会「日医ニュース」No.204より

対応２

普段と違う言葉や様子がないかどうかよく見る

測定数値が正常なら、いつもの様子とどう違うか、しっかり確認しましょう。下の❶のような様子がある場合は、数値に異常がなくても至急医療者に連絡します。❷の場合は、どんな状態かをしっかり観察しておき、次の機会に医療者に伝えます。

話しかけて何か言葉をくりかえすようなら、その言葉の意味を考えてみます。いつも言う言葉なら、「トイレに行きたい」「○○をしたい」「○○に行きたい」などの見当もつくでしょう。

❶すぐ受診すべき本人の様子

ろれつが回らない
意識がもうろうとしている

❷原因を探り経過観察をする様子

いつも言わないことを言う
いつもの生活リズムと異なる行動をする
汗をかいている
興奮している
落ち着きがない

39

体調・生活リズムが気になる場面

夏なのにエアコンをつけないとき

エピソード

独居の母。ヘルパーさんから、夏、室内が明らかに暑いのに、冷房をつけずに過ごしていると連絡がありました。一時は暑すぎて熱中症のようになり、ぐったりしていたようです。

対応1

エアコンのリモコンボタンを、1か所押せばいいように明示する

高齢者は一般に寒さ暑さを感じにくいもの。認知症の影響で、さらに季節の感覚があいまいになります。夏は熱中症のリスクもあり、命にかかわります。独居の場合、自分でエアコンをつけられるように、リモコンに注意が向き、すぐつけられる環境を整えておきましょう。まずは本人が見えるところにリモコンを置き、**ボタンを1つ押すだけでつくようにするなど、簡単・単純な手順を示しておきます。**エアコンをつける手順がわからずできないのなら、シンプルにして示すことが大事です。

また、現在は遠隔操作でエアコンを操作できるアプリも開発されています。本人がリモコンを操作できる能力があるうちはご本人が、それがどうしても難しく生命にかかわるような状況になれば、家族が管理するのもよいでしょう。

対応2

「夕立が来そう」「花火大会だ」「もうすぐお盆ね」と季節感のある話をする

体調管理としては、適切にエアコンがつけられるかどうかがまず大切です。しかし、本人が今どの季節で、どのくらいの気候なのかを感じ、認識しているかも大事です。**その季節に関連する言葉かけなどで季節感を出し、**「今は夏」と思い出してもらいましょう。例えば、入道雲が見えたら「夕立が来そうだね」、遠くから音が聞こえたら「花火かな？　夕立の雷かな？」、お盆の時期には「お盆を過ぎたら」などと話してもいいかもしれません。

エアコンがつけられないのは、季節感が薄れている証拠。季節感を取り戻してもらいましょう。

40

服薬の場面

薬を飲み忘れるとき

エピソード

父は、医師に処方された薬を飲まなければならないのに、ちょくちょく忘れたり、逆に飲んだのに「飲み忘れた」と誤解し、重複して飲んだりします。服薬ポケットやカレンダーを使ってもダメです。

対応1

処方を整理して、服薬タイミングをシンプルにする

高齢者は持病がある人も多く、認知症による記憶保持困難の症状がある人にとって、薬の飲み忘れや過剰摂取などのリスクは高くなります。服薬を完全に本人に任せるのはリスクが高く家族の支援は必要でしょう。

内服薬の種類が多く、管理が複雑になっているのであれば、担当医師やかかりつけ薬剤師に相談し、家族が服薬の見守りができる時間で1回にまとめるなど、服薬時間や回数の調整を検討しましょう。

それでも本人が管理しなければならず、さらにそれが難しい場合、**服薬カレン**

ダーでもダメなら、今や比較的簡単に入手できる服薬支援アプリ（P189参照）などを活用して内服のタイミングを管理してみましょう。自分1人で薬を飲めることで、本人の自尊心も守られます。

対応2

薬袋をテーブルに置いておき、重複して飲まないようにする

まずは服薬する時間を決め、生活リズムを整えましょう。その上で薬の飲み忘れや重複服用を防ぐために、薬の袋などを飲んだ後もすぐに片付けず、テーブルの上など所定の場所に残しておくのも有効です。

もし飲み忘れてしまっても、あまり責めることはせず、すみやかに内服してもらいましょう。

41

服薬の場面

「薬を飲みたくない」と言うとき

エピソード

母は、医師に処方された薬を飲まなければならないのに、「なんでこんな物を飲まないといけないのよ」と飲もうとしません。

対応1

「(いつもよくしてくれる)先生がくれた『長寿の薬』だよ」

自分が病気であることを理解していない場合、またはその記憶がない場合は、誰でも薬を飲もうとしないでしょう。認知症のある人の場合も同様です。「いつも飲んでいるよ」と伝えても、「私は元気だから飲んでいないよ!」と言われてしまいます。そんなときは、医師の「権威」を借りてみてはどうでしょう。

担当の医師と良好な関係なら、「**偉くて信頼できる人が長生きのお薬をくれたのか!**」と、**薬がポジティブなイメージになり**、受け入れやすくなるはずです。本人の健康のために出ている薬なので、ある意味で「長寿の薬」ですよね。

対応２

「これを飲んで、健康で長生きしてほしいな」と説明する

本人にとっては、ただでさえ何の薬かわからないのに、ただ「さあさあ飲んでよ」と勧められても、納得できないのではないでしょうか。

信頼する家族の思いやりの気持ちをちゃんと伝えれば、ちゃんと本人に届き、安心感につながります。あなたが「健康で長生きしてほしい」と思っていること、これはそのための薬であることを丁寧に伝えながら勧めてみましょう。

できれば隣にしっかり寄り添い、目を合わせるとさらに伝わりやすくなります。

このときあなたがくるしくなったら → P154

もしも

あなたがこの世界にいたら？

何の薬か、何のためにあるのかわからない白い錠剤。家族が「飲んで！　飲んで！」とグイグイ勧めてきます。しかし、あなたは全く飲む必要性を感じていません……勧められるほど、飲むのが怖くなりますよね。

42

家事の場面

コンロや仏壇の火の不始末があるとき

エピソード

料理が自慢だった母ですが、最近では鍋を焦がすなどして危ないです。家族は止めているのですが、聞きません。仏壇のろうそくと線香もつけなくていいと言っているのに、つけようとします。

対応1

「料理しようとしてくれて、ありがとう」

料理で台所に立つのも、仏壇にろうそく・線香をあげるのも、本人が習慣にしていた自分の役割を果たそうとしているためです。そのため、「やらなくていいのに！」と否定すると、むしろかたくなに続けようとしてしまうでしょう。

今困っているあなたは、素直に「ありがとう」とは言えないかもしれません。ただ、**本人が役割を遂行しようとしている気持ちを汲んであげることも必要でしょう。**

まずはその気持ちを受け止め、本人を肯定する言葉をしっかり伝えましょう。

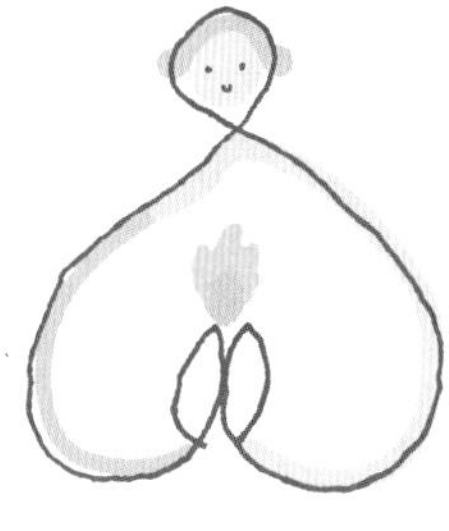

その後に、「でも、火事になると母さんが心配だから」と、**あなたが言いたい言葉を素直に伝えましょう。**

対応2

安全な機器・器具などを調べ、使えそうなら変更する

ガスの火の始末が不安な場合、ＩＨの調理器具に変更するのも方法の一つです。しかし、認知症になってから交換すると、使い方をマスターすることが難しいこともあります。交換するならできる限り早めに導入するのがお勧めです。

ガスコンロについては、高齢者・認知症の人向けの商品開発が進んでおり、自動で火が消える、音声で知らせてくれる、火をつける・消すスイッチが色別で認識しやすいなどの機能のある物が増えています。

また、仏壇の場合も、火を使わない安全なＬＥＤろうそくや線香がありま す。仏壇に明かりがあれば安心してもらえるなら、**道具を変えることも考えてみましょう。**

このときあなたがくるしくなったら → P175

言葉かけ&接し方

43

料理を毎日作らなくなったとき

家事の場面

エピソード

料理自慢の母。以前は毎日作っていた料理を、最近パタッと作らなくなりました。体は元気そうに見えますが、何か問題があるのでしょうか。

対応1

本人ができる行程のみ行ってもらい、他は家族が手伝う

料理は、大変複雑な作業です。その中で本人にできなくなっている工程があると、料理全般に自信がなくなり、行為そのものをやめてしまうことがあります。料理を作る行程の中で、**どこができなくなっているのかを見極め、役割分担しましょう。**例えば、火にかける、複数の調味料を量って混ぜ合わせるなど、2つ以上の作業が伴うことは家族が一緒に行い、野菜を切る、盛り付けるなど、本人にできる工程は自分で行い自信をつけてもらいましょう。

役割への責任感があるのは素晴らしいことです。「難しいならやめて」などと「できないこと」を強調すると、さらに自信を失い心理的にも不安定になり、料理だ

けではなくいろいろなことに意欲がなくなることもあるので、注意が必要です。

対応2

「さすが！」「美味しいね」と言って自信を取り戻させる

今まで本人が作っていた家族が特に喜ぶメニューや、本人に自信がある料理を選び、家族が手伝いつつも本人主導で作ってみましょう。少しくらい作り方が違っても、あくまで本人が作ることが大切です。**家族はフォローに徹しましょう。**

できあがったら、「さすがだ！」「やっぱり美味しいなあ」とほめましょう。今までとは違った味になるかもしれませんが、その変化も家族の歴史のひとつ。それも受け止めて、**家族みんなで思いっきりほめてください。**

44

家事の場面

いろいろな物を集めてくるとき

エピソード

認知症のある母が、部屋に大量のティッシュペーパーやトイレットペーパーなどを集めています。外出先からはチラシや食堂の紙ナプキンまで持ち帰って部屋に置いています。

対応1

紙類をあらかじめ減らして置いておく

認知症のある人が収集する物には、紙類が多い傾向があります。過去の経験から、将来の備えとして置いておきたいのでしょう。

完全に集めないようにすることは難しくても、目につく紙類をあらかじめ1／3～1／4程度に減らして大量に集めない工夫はできます。なくなったらまた適量を補充しましょう。

そして、「集める（た）こと」を否定せず、**「集めた」という本人の満足感を尊重しましょう。**収集癖は不安や孤独感が要因になることもあるので、趣味の活動や家事などの役割などで満足感が高まると減ることがあります。

または、例えば、スーパーから食品を持ってきたり、どこかの家の庭から花や野菜を持ってきたりしてしまうときは、そこにあらかじめ「本人が来たら連絡してほしい」と話しておきましょう。

対応 2

全て片付けずに、少し残しつつ、わからない程度に片付ける

「こんなに散らかして！」と片付けてしまうと、不安が増し、さらに収集がひどくなることもあります。本人にとっては大切な物なのです。

全てではなく一部を片付けても、「あなたが持っていったんでしょう！」と言われたら、「足りなかったから借りた。助かったよ。ありがとう。ちゃんと返すからね」と言っておいてはどうでしょうか。

このときあなたがくるしくなったら → P148、160、180

言葉かけ&接し方

45

家事の場面

ゴミ出しの日を何度も間違えるとき

エピソード

義母は、本来出すべきではない曜日にゴミ出しをしてしまいます。本人にその都度説明しても同じように間違えてしまい、いつも収集所にうちのゴミが残され、近所迷惑になっています。

対応1

「今度は一緒に出しに行こう」

「教えたでしょう。なぜ間違えるのよ！」などと感情的に伝えても逆効果です。さりげなく「今日はゴミ出しの日じゃないみたい」と伝え、次に一緒にゴミを出しに行くことを約束してみましょう。**「一緒に」というフレーズが安心感につながります。**

その上で、本人の曜日感覚を取り戻す試みをしてみましょう。あくまであなたが忘れた体で、「ゴミ出しは何曜日だったかな？」「今日は何曜日だったかな？」と聞いてみます。本人は考え込んでしまうかもしれませんが、トレーニングのつもりで行えば、現状維持効果も期待できます。

自分を気にかけてくれる家族の寄り添う気持ちが支えになり、本人もリラックスし、役割意識をもってゴミ出しに取り組めるでしょう。

対応2

日めくりカレンダーやスマートフォンなどを活用する

家族が一緒にゴミを出すのが難しい場合、次のようなゴミ出しのタイミングなどを可視化して補完するツールを活用してみましょう。

❶ゴミの種類別に色を塗り分けた日めくりカレンダーとゴミ箱を、本人のよく見えるところにまとめて置いておきます。

❷ゴミ箱に大きく、そのゴミを出す「曜日」を書いて貼っておきます。本人に曜日の感覚がなければ、「ゴミ出しは○曜日だよね?」と聞いてきますので、時間感覚のトレーニングにもなるでしょう。

❸スマートフォンのタイマーを、ゴミ出しの曜日・時間にくりかえし鳴るようにセットします。

このときあなたがくるしくなったら → P154

46

家事の場面

道具の使い方がわからないとき

エピソード

使い方がわからないのか、歯ブラシを渡しても握ったままボーッとしています。また、最近使い慣れた炊飯ジャーが壊れ、家族がシンプルな物を購入しましたが、うまく使えないようです。

対応1

隣に並んで一緒に使い、まねをしてもらう

慣れているはずの道具や普段から使っている物が何だかわからなくなったり、うまく使えなくなったりして本人が自分で使わなくなると、生活の質が下がります。例えば、歯ブラシを渡してもどのように動かしていいのかわからず、歯を磨くこと自体をやめてしまうのです。

そんなときは、**隣に並んで同じ動きをして見せましょう。**向き合って行うよりも、同じ向きの方が動作を認識しやすくなります。歯磨き動作そのものは記憶しているので、最初の動きがわかればスムーズに行える場合もあります。

対応2

炊飯スイッチだけ目立つように表示する

新しく使い始めた機器類に慣れるのは、誰にとっても難しいことです。認知症のある人の場合はなおさらです。

新しい機器が使えない場合、どの段階が理解できず使えないのかがわかれば、そこだけを家族が手伝ったり、簡単に使える工夫をしたりすることで、その道具を使うことができるようになります。

例えば、新機種の炊飯ジャーなどは、機能的なボタンがたくさんあるためにむしろ混乱しがちです。購入する時点で、ボタンが少ない**シンプルな物を選びましょう。**本人と一緒に選ぶのがベストです。

購入後、炊飯したいときに押すボタンが一目でわかるようにしておきます。「ココを押す!」などの表示をつけてもいいかもしれません。

身の回りの道具を、操作をシンプルにすることで使い続けられれば、本人の自立した生活も続けやすくなります。

47

お金の管理の場面

同じ物を頻繁に買うとき

エピソード

同居している義母は、1日おき、または数日おきに近所のスーパーで同じ物を買ってきてしまいます。そのため、冷蔵庫が同じ物であふれてしまいます……。

対応1

「私と同じ物を買って来ないよう、買い物リストを一緒に作りましょう」

あなたと本人が一緒に「買い物リスト」を作りますが、**「買う物」は本人自身に書いてもらいましょう。**それにあなたが「日付」「チェック欄」を書き込み、買い物をしたら一緒に「チェック」を入れましょう。こうした、一緒に何かをした記憶は「エピソード記憶」といい、より残りやすい記憶になります。

それでも同じ物を買ってしまう場合、一緒に重複した物を確認しましょう。ただし、それで本人が「1人で買い物もできない……」と自信をなくしてしまうなら、他の方法を探します。本人の自尊心を大事にしながらかかわりましょう。

対応2

買い物カゴに「○○はまだあります」と書いて入れておく

何度も買ってしまう物は、本人にとって「ないと困る大事な物」。「まだあるので安心」と思っていてもらう方法を考えましょう。一緒にそれが家にあるかを確認して、「○○はまだあります」と本人にメモを書いてもらい、玄関や買い物カゴなどに貼り付けておきましょう。本人の文字の方が効果があります。

対応3

店に事情を話し、協力してもらう

よく行くお店が決まっているなら、事情を話して一緒に対策を考えてもらうのもよいでしょう。顔なじみの個人商店であれば、情報を共有しておくと、対応してくれるかもしれません。また最近は、スーパーなどの企業でも、認知症のある人への理解を深めていて、対応してくれることがあります。率直に相談してお店の協力を得るのもひとつの手段です。

このときあなたがくるしくなったら → P174

48

お金の管理の場面

管理ができないのに、お金を持ちたがるとき

エピソード

うちの母は、財布を持ちたがりますが、管理できないので持たせていません。最近は、顔を見るたびに「お金をちょうだい」と言ってきます。

対応1

「お金がないと不安よね……」と寄り添う

実際に買い物に行っていなくても、「まだ私はこの家の大蔵大臣！」と、お金の管理ができる感覚でいるため、「何かあったときにお金がないと不安」と思っているのでしょう。まずは、**「管理できないでしょ！」と否定せず、本人の思いに寄り添うと不安な気持ちを和らげる**ことにつながります。

対応2

一緒に食事に行き、支払いをしてもらって満足感を得てもらう

あなたができるときでよいので、本人と**一緒に買い物や食事に行き、本人に支払ってもらって、「お金がある」「支払える」という満足感を得る体験**をしてもらいましょう。

対応3

少額のお金を持ってもらう

そもそも、財布を持っていないこと自体に、大きな不安があるのかもしれません。**持ち物を完全に取り上げてしまわない方が、本人は安心できます。**

財布に入れて安心できる額は人それぞれですが、少額を入れて持ってもらうだけで、本人が安心して落ち着くことがありますし、紛失による損失も小さくてすみます。

お気に入りの財布があれば、その財布を活用しましょう。財布の置き場所を決めておくなど、**紛失を防ぐ環境整備も必要**です。

49

外出の場面

一人で外に行ってしまうとき

エピソード

うちのおじいちゃんは、1週間に1度くらい、夜中に1人で外出しようとします。家族総出で止めますが話が通じず、そうこうしているうちに怒り始め、どうにも止められなくなります。

対応1

「今は暗いから、一緒に行こうか」

出歩こうとする本人に付き合うのは、家族の負担が大きいもの。こんなときは、初期対応が大切です。複数人で強制的に止めるほど収まらなくなるので、慌てず穏やかに、「何をしに行くの？」「どこに行きたいの？」と尋ね、答えがなければ止めず、**目的を探りながら付き添い一緒に外出しましょう。**「暗くて危ないから車で送るね」と少しドライブをしたり、少し歩いたりすれば気がすみ、家に戻ることもあります。

また、**最新のテクノロジーや制度にもどんどん頼りましょう。今は、センサーやGPSで外出リスクを低減する機器もたくさん販売・レンタルされています。**

また、24時間・365日対応してくれる見守りネットワークサービスがある自治体も多いので、利用する際には、担当ケアマネジャーに相談しましょう。

対応2

普段や外出時の様子などをヒントに、「外出したがる理由」を探る

前述のような対応が続くと、家族も疲弊します。根本的に外出をやめさせるには、その「理由」を探ることが重要です。

外出は、何らかの目的を果たそうとしています。例えば、昔、暗い時間に出かける仕事だったなど、過去の生活習慣からきている行動の可能性もあります。親戚に聞いたり、本人との会話を参考にしたりしましょう。昔はトイレが外にあった家で、おしっこに行こうとして出かけ、途中で何をしようとしていたかわからなくなった例もあります。

会話から外出の目的がわかれば、本人の気持ちに寄り添うことができ、外出をやめさせる糸口がみつけやすくなります。

このときあなたがくるしくなったら → P154、160、164

50

外出の場面

家から出たり入ったり同じ行動をくりかえすとき

エピソード

母は、玄関を出たり入ったりと、同じ行動をくりかえします。また、室内でも同じ所をぐるぐる回り、両手を動かしています。何をしているのか不思議です。

対応1

転んでケガをしないように、動線から危険な物を排除する

前頭葉の細胞が損傷を受けると、同じ行動のくりかえしが現れることがあります。1日中くりかえすわけではなく、決まった時間帯に決まった行動が現れる傾向があるので、どの時間帯、どこで、どんな行動をするのか、何を目的としているのかをできる限り探りましょう。それがわかると対策しやすくなります。

変に声をかけたり、無理やり行動を止めたりすると、本人はストレスをためてしまいます。**危険がなければその行動を見守り、動線上の危険な物を片付けて通りやすく転ばないようにし、休める椅子などを置くと安心です。**ときどき休憩を

を入れられるように、おやつを準備してもよいでしょう。日中、その行動で活動性が上がれば、夜もよく眠れます。

対応2

動きと本人の過去の生活・人生からその行動の目的を推理する

その動きは、何か目的のある行動かもしれません。

過去、外に誰かを探しに行くものの、見当たらないので家に入る、という行動をくりかえす方がいました。本人は言葉で説明することができず、家の中では両手を常にぐるぐる動かしていました。親戚に話を聞くと、本人は昔毛糸を扱う仕事をしており、仲良しのいとこが家業の手伝いに来ていたとのこと。不思議な行動は、毛糸巻きの動作で、家を出入りするのは、いとこが来ないかと出て探していたためだったのです。こうして**理由がわかれば、「ああそうだったんだ」と理解でき、家族も安心できます。**また、適切な声かけができるようになるので、不思議な行動を減らせるかもしれません。

第3章

知っておきたい自分への言葉かけ&接し方

～認知症介護で生まれたあなたの世界の「モヤモヤ」に寄り添う～

相手の認知症世界に寄り添うのは
大切なことです。
しかし、あなた自身がすり減ってしまわないことは、
もっと大切です。

認知症介護をしている方、特に家族の方は、
義務を感じたり、負担で余裕がなくなったりと、
精神的なストレスを1人で抱え込みがちです。

他の人やサービスに頼って、もちろんOKです！
その上で、自分で心をラクにする方法も知っていれば、
もっともっと気楽に認知症介護をこなせるでしょう。

そんなふうに自分をケアする
言葉かけ＆接し方を知っておきましょう。

加藤史子 かとう・ふみこ

メンタルトレーナー

ストレスマネジメントや心をラクにする方法などをテーマに講演や執筆、個人セッションなどを行っている、メンタルの専門家。認知症を患った自身の家族の介護をきっかけに、その家族のメンタルケアの必要性を痛感する。認知症介護当事者として、どのようなメンタルケアがあれば心がラクになるのか、目下探究中。

1

親が認知症になったことを、受け入れがたいとき

エピソード

親と会話をしていて、変なことを言うようになったので、病院に連れていきました。すると、認知症だと診断されました。親もいつかはなるかもしれないとは思っていたものの、実際にそうなると受け入れることが難しくて……。

言葉を換えて不安を軽減する

「『どうしよう』を『なんとかなる』に言い換え事務的な対応に集中しよう」

親が認知症だと診断されたとき、不安になるのは当然のことです。「どうしよう」という言葉が頭の中に聞こえて、不安や恐れの感情がどんどん大きくなるかもしれません。

そのとき頭の中で聞こえてくる言葉が感情を作っています。その感情がつらいなら、言葉を変えてしまいましょう。「大丈夫」「必ずいい方法は見つかるはずだ」などの言葉に切り替えていくだけでも、不安を軽減できます。

さらに、「どうしていいかわからない」から不安なら、やるといいことをとりあえずやってみると、不安は小さくなります。

「これからどんなことに困りそう?」「どんな選択肢がある?」と自問し、答えを箇条書きで書き出してみましょう。地域の福祉担当者やケアマネジャーさんと話しながら書き出してみてもいいですね。

このような具体的な対応策に意識を集中することで、不安が大きくなりすぎるのを防ぐことができます。

「私は、『乗り越える12のプロセス』のどの段階にいるのかな？」

大切なものが失われ乗り越えるまでには、下の12段階のプロセスがあるといわれています。自分は今どの段階にいるのか俯瞰してみると、少し冷静に自分を見つめることができ、前に進んでいくことができます。

1段階	精神的打撃と麻痺状態	出来事の衝撃によって、一時的に現実感覚が麻痺状態になる。心身のショックを少しでも和らげようとする本能的な働き。つまり、防衛規制
2段階	否認	感情、理性ともにこの事実を否定する
3段階	パニック	出来事に直面した恐怖による極度のパニックを起こす
4段階	怒りと不当感	不当な苦しみを負わされたという感情から、強い怒りを感じる。「私だけがなぜ？」「神様はなぜ、ひどい運命を課すの？」
5段階	敵意と妬み	周囲の人々や個人に対して、敵意という形で、やり場のない感情をぶつける
6段階	罪意識	悲嘆の行為を代表する反応で、過去の行いを悔やみ自分を責める
7段階	空想形成	空想の中で、まるで何事もなかったかのように思い込み、実生活でもそのように振る舞う
8段階	孤独感と抑うつ	健全な悲嘆のプロセスの一部分で、早く乗り越えようとする努力と周囲の援助が重要
9段階	精神的混乱と無関心	日々の生活目標を見失った空虚さから、どうしていいかわからなくなる
10段階	あきらめ　受容	自分の置かれた状況を「明らか」に見つめ、現実に勇気をもって直面しようとする
11段階	新しい希望 ユーモアと笑いの再発見	ユーモアと笑いは健康的な生活に欠かせない要素。その復活は、悲嘆プロセスを乗り切りつつあるしるし
12段階	立ち直り	苦悩に満ちた悲嘆のプロセスを経て、より成熟した人格者として生まれ変わる

あなたの世界

2 これからますます症状が進行する気がして怖いとき

エピソード

認知症の診断を受けた後、本人は日々変化しています。それを見ると、「これからどれだけ病状が進んでしまうのだろう」「もっと困る事態に陥ってしまうのではないか」という不安がどんどん大きくなってしまいます。

不安の正体を知る

「事実はどこまで？ どこからが想像（考え）？」

不安の最中にいるときはそう思えないかもしれませんが、起こっている「事実」には、実はよいも悪いもありません。「悪い」不安を大きくしているものは、実は自分が作り上げた「想像（考え）」なのです。不安になったときは、不安に思うことについて、以下の6つの質問を自分自身に問いかけてみましょう。

❶ 100%そうなると言いきれますか？
❷ 全てが事実ですか？（どこからが想像？）
❸ その考えは望ましい気分や結果をもたらしますか？
❹ その考えや感情は、自分と相手との関係をよくするのに役立ちますか？
❺ 長期的に見て、その考えは自分や相手に役立ちますか？
❻ その考えは、問題解決に役立ちますか？

これらの質問のうち、もし1つでもNOがあるのなら、それはあなたが作り出した「想像」「考え」で、自分が前向きな気持ちでいられる「想像」「考え」に取り換えても全く問題ないものです。あなたはどちらの「想像」「考え」も選べるのです。

「私は、どんな未来を望んでいるのだろう？」

家族が認知症になると、「一日中ついていないといけないのでは」「介護離職しないとダメかも」といった不安が生じてきます。不安が大きくなりすぎると、現実よりも不安から生じる悲観的な未来を真実のように思い込んでしまい、心は疲弊し、明るい未来を閉ざす方向に向かいがちです。

しかし、未来の可能性は1つではありません。あえてハッピーな未来を想像すると、その方向に向かいやすくなります。例えば、「認知症だが穏やかに過ごしている」「忘れっぽいが、大切な思い出は覚えている」という未来です。

さらに、心理学で活用されている、願望実現の次のようなフレーズを作って言葉にしてみましょう。不安は徐々に小さくなり、落ち着きを取り戻せます。

「私はどのようにかはわかりません。ただ私が知っているのは、今の仕事を続けながら、母も穏やかに生活できているということです。そして私は満たされています」

ここまで言うのが難しい場合は、「認知症の症状があっても、生活が暗くならないといいな」「認知症になったおかげで、母との関係がよくなったかも」と考えるようにすると、不安をコントロールできるようになります。

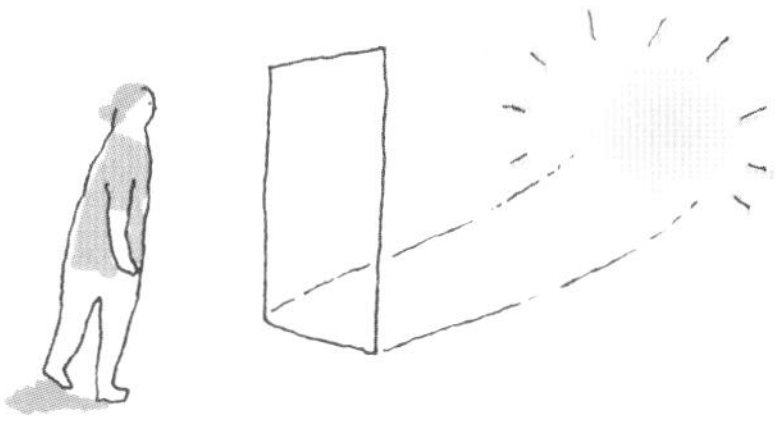

あなたの世界

3 優しくできない罪悪感で苦しいとき

エピソード

認知症だからしかたないとわかってはいるものの、失敗したり忘れたりすることに対してつらく当たってしまう自分がいます。親（パートナー）なのに、優しくできないことへの罪悪感で苦しい毎日です。

気持ちを切り替える

「次、同じようなことがあったらどこをどのように変えたい？」

優しくできない自分に罪悪感を抱いているときは、以下の3つの質問を使って気持ちを切り替えることができます。

❶ この出来事の中で、よかった点があるとしたら、それは何？

罪悪感があるときは、自分のできなかったことやダメなところに意識が向いています。自分にこの質問をして、よかったことを探してみると、ダメージを減らせます。

❷ 次に同じようなことがあったら、どこをどのように変えたい？

罪悪感は、「こうすればよかった」という理想や目標があることの裏返しです。「自分はどうしたいのか」を明確にすることで、次はそのように変えようという指針ができます。

❸ ②のように変えるために、今できることは何？

②で見つけた目標に対して、実現するための行動を見つければ、「今できる行動」に意識が向き、罪悪感を抱いていた状態から気持ちが前向きに変化します。

うまくできる誰かになりきる

「誰のように接することができれば少しでも優しくできるかな？」

優しくなれない罪悪感にさいなまれているとき、「この人ならきっと優しくできるだろう」という人になりきって優しくする、という方法を活用してみましょう。例えば、女優の吉永小百合さんならどうするかとイメージしてみるのです。物腰柔らかく寛容な笑顔で接している様子が想像できますね。

次は、あなたが吉永小百合さんになりきり、先ほど想像したように振る舞うと、今までできなかった場面でも、少しでも優しく接することができるようになります。これは心理学の「モデリング」という手法です。

❶ あなたが優しく接したいと思うのはどのような場面ですか？

❷ その場面で優しく接することができる人は、誰がいますか？
（イメージできる人なら誰でもOK）

❸ その人がその場面で優しく接しているところをイメージしてみましょう。

❹ あなたがその人になりきり、同じ場面で同様に優しく対応しているところをイメージしてみましょう。相手の反応はどのように変わるでしょうか？

❺ 実際の場面で、何をきっかけにしてその人になりきるのかを決めます。
例：自分が嫌だと思う行動をされたとき

❻ ⑤のきっかけの場面で、憧れの対応ができる人になりきって優しく接している未来のあなたを想像しましょう。

モデルとなる人になりきるだけで、今まではできなかったことでもたやすくできるようになります。

4 同じことを何回も言ってくるので嫌になるとき

エピソード

認知症の記憶障害のために、同じことを何度も聞かれます。本書で認知症の世界を学び、言葉がけ&接し方も学んだけれど、やはり「もうそれは何度も聞いた」と言いたくなり、イライラしてしまうこともあります。

自分の未来の姿と思う

「私だったら、どんなふうに聞いてほしい？」

筆者は、親が認知症になる前から、「親ってなぜ同じことを何度も話したがるんだろう」と不思議に思っていました。しかし、今度は自分が子どもに「それは前にも聞いた」と言われるようになり、自分も親と同じことをしていることに気が付きました。

認知症になれば、同じことをくりかえし言う可能性はさらに高くなります。

つまり、誰でも、「今親に起きていることは、遅かれ早かれ自分自身もそうなる可能性がある」のです。

目の前の親の姿を見てその覚悟をもったら、「自分だったら、どう聞いてほしいか」「どう反応されたいか」を想像すれば、自ずとどのように返事をしたらいいのかがわかり、気持ちもほんの少しおさまるのではないでしょうか。

筆者もそれ以降は感情的にならずに、認知症の親に対して「そうなんだね～」と笑顔で返すことができるようになりました。

「優しい気持ちに切り替わる『スイッチ』を思い出そう!」

あらかじめ下のようにして気持ちを優しく切り替えるスイッチを作っておくと、イライラしたことが起こってもすぐに気持ちを切り替えやすくなります。

❶ 優しい気持ちになったときを思い出す
例：動物の赤ちゃんを見たとき

❷ 優しい気持ちにぴったりの色を決める
例：クリーム色

❸ ②の色のフラフープぐらいの輪が目の前にあるところをイメージする

❹ ①の出来事を思い出して、優しい気持ちになってきたら、③の輪の中に入り、優しさを感じながら、同時に輪の色をイメージする

❺ ④の状態を十分体験したら、1歩後退して輪の外に出て、深呼吸をして状態をリセットする

❻ ④と⑤を4回くりかえす

❼ 試しに、③の輪をイメージして、その輪の中に入ったら優しい気持ちになっているかを確認する。優しい気持ちになっていたら「優しくなるスイッチ」完成!

❽ 輪の外に出て、イライラするような場面でもこのスイッチを使って気持ちを切り替え、優しい対応ができている未来をイメージする

あなたの世界

5 言うことを聞いてくれなくて困るとき

エピソード

お風呂に入ること、着替えること、食事をすることなど、日常生活のいろいろなことを嫌がり、最低限の生活をさせることも困難です。

喜んで動きたくなるように話す

「『相手が動きたくなる物語』とは、どんな物語だろう?」

第1・2章でお伝えした「認知症世界」をふまえた上でご本人に気持ちよく動いてもらうために、ポイントを押さえた「動機」付けの言葉かけをしましょう。

動機付けには2種類あります。1つが「問題回避型」、もう1つは「目的志向型」です。問題回避型は、「入浴しないと病気になるよ」など、「こうしないとこんなにひどいことになる」と「恐怖」をあおる方法です。この方法では、人は一般的に嫌悪感を抱きます。

目的志向型は、「お風呂に入るとこんないいことが待っているよ」などと伝え、そうすることが「喜び」「満足」につながるように促す方法です。こちらの方が、明るいエネルギーで動くことができます。

介護でも、相手が喜びとともに動きたくなる物語を考えてみましょう。例えば、「きれいになったね。『おばあちゃんいい匂い』って好かれるね」「いつまでもきれいなお母さんが私の誇りだよ」などと言われれば、誰でも喜びに向かって行動を起こしたくなるでしょう。

不満なことの視点を変える

「『できていないこと』ではなく、『できていること』は何があるのかな?」

「これをしてほしい」と思えば思うほど、「そのことができないとダメなんだ」と否定したくなりますが、ここはあえてできていることに目を向け、光を当てていきましょう。

例えば、「お風呂には入りたがらないけれど、体を拭かせてくれる」とか、「ご飯は食べてくれないけれど、お菓子なら食べてくれる」ことはありませんか? そんなときは、「体を拭かせてくれてありがとうね。きれいになると気持ちいいよね」とか「お腹が空くとつらいよね。好きな物を食べられると嬉しいよね」などと、できていることを肯定することもよい方法です。

また、「そもそも、お風呂に入らないのって、そんなに困ることかな?」「どこからどこまで許せるのかな?」と、自分の考えている「こうしなければならない」という考え方に疑問をもってみるのもよいと思います。

さらに、「お風呂に入れなければならない」「食事を食べさせなければならない」を、「お風呂に入ってもらいたい(でも無理ならいつかできればいい)」「体を清潔に保てていて、栄養不足にならないだけ食べられていればよい」に変えてみましょう。本人の意思を尊重しながらハードルを下げていくと、こちらのストレスも軽減します。

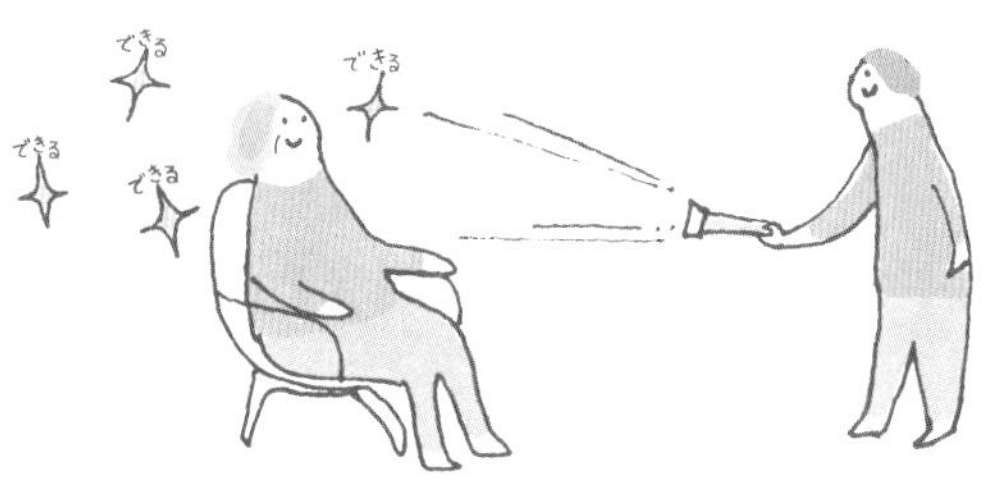

あなたの世界

6 親が失禁などして弱っていく様子を見ると悲しいとき

エピソード

排泄の失敗が増えたり、周りのこともよくわからなくなったりするなど、親が弱っていく様子に情けなさを感じて悲しくなることがあります。しかたないと思いながらも「しっかりしてよ」とつい責めたくなります。

「当たり前」の基準を下げる

「間違ってもいい権利・失敗してもいい権利は誰にでもある」

誰にでも認められている権利の1つに、「間違ってもいい権利」があります。

私たちは完璧にできることを求めがちですが、どんなときでも常に失敗しない人などいません。人は誰でも間違っていいし、失敗してもいいのです。

年をとれば間違いや失敗が増えていきます。できるのが当たり前と思うと、できないことに腹を立ててしまいます。「できなかったとしても大丈夫」という言葉を唱え、当たり前の基準を下げていきましょう。

失禁の後始末をしながら「なんでこんなことをしなければいけないんだ」と負担を苦に感じてしまうときは、「こんなにがんばっている自分はえらい!」と、自分を存分にほめてみてください。頭の中に聞こえてくる言葉は、あなたの感情を作ります。そうして自分を不満感を軽減することができます。P166も参考になります。

「嫌な状況にどんなイメージを加えたら、印象を変えられる？」

今、あなたは、「親の失禁」などの場面に、自動的に悲壮感を生み出している状態です。それを「悲しくない」イメージに置き換えることで、受け取り方を変えることができます。

負の感情を変化させる鍵は「ユーモア」です。親の失禁など、自分が情けなさ・悲しさを感じるような場面に対して、頭の中で、例えば、愉快な効果音、アニメキャラクターや背景色など、ユーモラスな何かを合成すると嫌悪感を軽減することができます。

例えば、お笑い芸人がコントをやっているように、失禁などの出来事も「なんでやねん!」などとつっこみを入れる様子や、観客の笑い声を脳内でくり広げると、悲壮感は軽減し、深刻になるのがバカバカしくさえなってきます。

さらに、背景も楽しくなるものを思い浮かべてみましょう。大好きなテーマパークやドラマのシーンなどに置き換えてイメージを変えてみましょう。こうして目の前の世界の捉え方を変えると、自分の受け取り方を変えることができます。

あなたの世界

7

認知症のため話が通じず、受け入れがたいとき

エピソード

認知症の母は、事実ではないことをあたかも事実かのように話すので、会話がかみ合いません。間違いを指摘したくなり、受け入れることができません。

相手の呼吸に同調する

「『呼吸』を合わせることを入口に、相手の世界に入ってみよう」

相手の世界に合わせることに、心情的に抵抗があっても、身体的なアプローチから入ると意外とできることがあります。

はじめは呼吸を合わせてみましょう。1分程度でいいので、相手の呼吸を観察し、できるかぎり合わせてみるのです。相手と息が合うと、不思議と気持ちも通じ始めます。

その状況で、何を言っても否定せず、「そうなんだね」「そうなの?」などゆるやかに受容しながら会話を進めていきましょう。すると、相手は同じペースで受け入れられたと感じて落ち着き、安心して、情緒が安定してきます。

間違いを否定したところで、気まずくなるだけ。余裕が出てきたら、相手の言う「変なこと」を「おかしい」と思わず、「どんな世界にいるんだろう」と想像しながら楽しみましょう。純粋に興味をもって聞くことで、信頼関係が深まり、よい時間が過ごせます。

「相手が心の奥で本当に望んでいることは何だろう？」

人は共感したり受け入れられることを期待して相手に話をするものです。話がかみ合わないときは、その表面的な言葉だけでとらえるのではなく、その裏にある「望み」「ニーズ」に焦点を当てましょう。

誰でも心の奥底で望んでいることがあります。心理学ではそれを「ターゲットストローク」と呼んでいます。他の人からターゲットストロークを受け取ると、涙が出るぐらい嬉しいと感じるものなのです。

相手を認めるはたらきかけを「ストローク」といいます。例えば、「すごいね」「おもしろいね」「ありがとう」がそれにあたります。こう言われたら嬉しいのは、自分が認められていることが伝わるからです。

心理学者のエリック・バーンは、「人は誰でもストロークを得るために生きている」と言いました。人はみな、心の奥では、「認めて欲しい」「愛してほしい」「大切にしてほしい」と思っているのです。ストロークを交換できるからこそ、明日も生きていこうと思えるのです。

認知症の人にとっても、ストロークは重要な意味をもちます。誰かに認められ、必要とされることは生きる意味につながるからです。

あと何年一緒にいられるかわからない相手に、残りの人生をどのように満足して生きてもらおうかと考えたとき、「相手が心の奥底で望んでいることは何か？」を考え、その言葉を伝えることは、あなたにとってもとても意味のあることになるでしょう。

あなたの世界 8

介護のストレスでモヤモヤがたまっているとき

エピソード

がっかりすることも多く、思うようにいかない認知症介護の日々。のどがつかえるようなモヤモヤが常にあり、ときには大声で叫びたくなるようなこともあります。

なぐり描きで発散する

「今の気持ちを紙にぶつけてみよう」

認知症介護では、思い通りにいかないストレスがたまってうっぷんを晴らしたくなるときがあります。そんなときに誰にも迷惑をかけずに、簡単に発散できる方法が、「なぐり描き」をすることです。

❶ 紙を何枚かと、クレヨン・色鉛筆など何でもよいので筆記用具を用意する
❷ 自分の気持ちを表すように、腕を大きく動かしながらなぐり描きをする。紙いっぱいになったら紙を替え、気のすむまでどんどん描き続ける
❸ ある程度まで心のままに描き続けると、突然、違う色・タッチ・形を描きたくなる。色合いは優しく、タッチや形も柔らかく変化してくる

こうしてひたすらなぐり描きをするだけで、うっぷんを発散させることができます。紙を替えながらひたすら描くと、あるときから筆圧が軽くなります。優しいタッチに変化したら、心がスッキリし、ストレスが解消した合図です。

「心の底から言いたいことを手紙に書いてみよう」

相手に伝えたいことがあるけれど、伝えたところでどうにもならないことはわかっている……いろいろな言葉を飲み込みながら介護をされている方もいるのではないでしょうか。飲み込んでもその気持ちはなくなるわけではありません。胸のモヤモヤはどんどん大きくなっていることでしょう。

そんなときには、相手に対して言いたいことを、手紙に書きましょう。

例えば、「どうして何回注意しても同じことをくりかえすの！　もう私、イヤだよ！　これ以上やらないでよ！　私だって……大変なんだから……」などと、ありったけのモヤモヤを綴っていくのです。

言葉にするのをためらってきたことを、あえて「伝えるつもり」で手紙に書いてみる。そうすると、あなたの脳は「相手に伝えられた」と認識します。そのため、感情はスッキリするのです。

ただし、この手紙は書くだけで相手には見せません。見せたい気持ちが湧いても、書いてスッキリしたら、破いて捨てましょう。相手に見せないように、見られないように処分してくださいね。

誰かに何かを言われて（されて）、言い返したいけれども言い返せないときは、この方法で心をスッキリさせましょう。

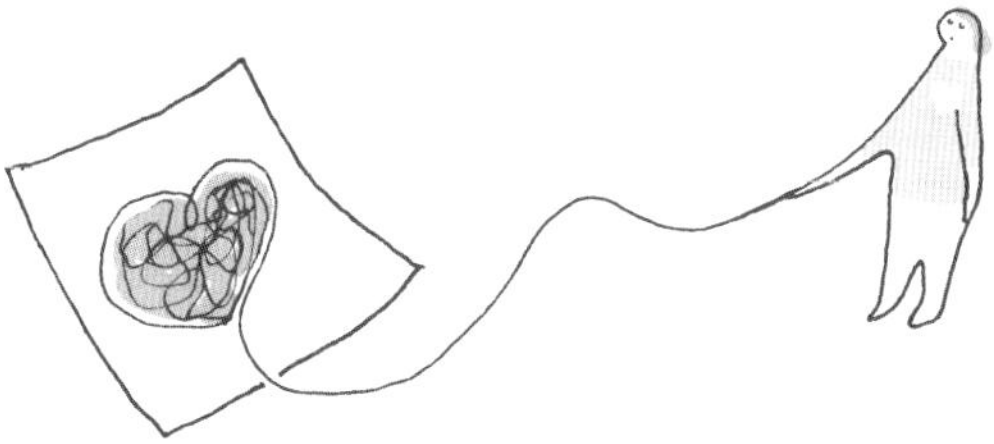

あなたの世界

9 介護のストレスで怒りが爆発しそうなとき

エピソード

言っても聞いてくれず、思うようにならないことばかり。相手は認知症だからとわかっていても、怒りをコントロールしなければと思っていても、爆発しそうになることがあります。

怒りの前段階で表現する

「怒りの奥はどんな気持ち？」

怒りが暴れ出しそうで自分で手に負えないとき、それを火山に見立ててみましょう。

介護のストレスが積もっているときは、ささいなことでも怒りが爆発してしまうことがあります。「なぜ何回言っても同じことをするの」と語気が荒くなることもあるのではないでしょうか。「怒り」のパワーは強く、認知症のある人はその衝撃で落ち込んだり、反発したりしてしまうことが多くあります。

そんなときは、怒りを火山に見立て、マグマがたまって噴火する前に、他の場所から出すことで爆発させないようにしましょう。

または、下の絵にあるような、怒りになる前の気持ちを相手に正直に伝えられれば、相手は比較的素直に受け取ることができ、「そんな気持ちにさせて申し訳ない」と思います。がまんすることも、怒りを爆発させて関係を壊すこともなく、気持ちを伝え、自分の心を保つことができます。

「『怒ること』で、本当はどうしたい？」

怒りを止めたいと思っても止まらないのは、「怒ること」で、自分や相手に対して「こうしたい・してほしい」という、真の意図があるからです。この意図を満たす、「怒ること」以外の方法を見つければ、怒らずにすむようになります。以下の方法で、その真の意図を見つけてみましょう。

❶「怒ることで、本当はどうしたいんだろう？」と自分に問いかける

❷ ①で「真に望むこと」がわかったら、その結果を得るために、今とは別の方法で何ができるか、3つ以上の方法を挙げる

例：真に望むこと「本人に穏やかに過ごしてほしい」
→「本人の話をいったん受け止める」「本人ができることをお願いする」「本人が穏やかになれる環境を整える」

❸ ②の方法をそれぞれ試している場面を想像し、どの方法を選ぶか考える

❹ もし、②で挙げた方法すべてがうまくいきそうにないと思えるときは、他の方法をさらに3つ見つけ、③のように想像して選び直す。1つ以上の方法が見つかるまで、それをくりかえす

❺ 選んだ方法を実践しながら、対応している未来の場面を想像してみる。うまくいっているところがイメージできれば、実際にその方法を試してみる

あなたにとって「怒る」以外の方法が見つかり、お互いに気持ちよく過ごす方法が見つかります。

あなたの世界

10 長く続く介護で心が疲れ切ってしまったとき

エピソード

終わりの見えない認知症介護。いつまでこうしていなければならないのだろうと、心が疲弊して苦しくなっている自分に気がついてしまいます。

思い出や自然のイメージで癒される

「大好きなイメージに癒してもらおう!」

心が疲弊しているときは、ほっこりするような他のイメージで気持ちを切り替えていきましょう。

例えば、あなたが子どもの頃、親がしてくれた思い出でどんな嬉しかったことがあるでしょうか?　そうしたよい思い出をリストアップして、それにひたるのもいいでしょう。

もし、いい思い出を見つけることが難しい場合は、あなたの好きな自然の景色を思い浮かべてみるのも効果的です。南の島の海辺や美しい草原などを思い出すだけでも、心が安らぐ感覚になります。

そうした自然の一部になりきった感覚を味わうのもよい方法です。例えば、風になったところをイメージすると、全ての束縛から解放されて自由になった感覚を味わうことができます。青空に浮かぶ白い雲になったところをイメージすると、肩の荷が下りて楽になった感覚を味わうことができます。

思い出も自然も、その「感覚」にひたることが大切です。

嬉しい励ましを受け取る

「励ましてもらいたい人に助言やメッセージをもらおう!」

先の見えない介護に心が疲れてしまったときは、誰かからの励ましの言葉が心を回復してくれます。誰からでもメッセージをもらえるとしたら、誰からメッセージをもらいたいですか？　尊敬している人、あこがれている人、または歴史上の人物など、実際に会えない人でも、イメージできるなら誰からでもメッセージを受け取ることができます。

❶ メッセージをもらいたい人を決める
❷ 目の前にメッセージを受け取りたい相手がいるところをイメージする
❸ 相手の位置に立って、自分がその相手になったところをイメージする
❹ 相手になりきって、目の前にあなたがいることを想像してメッセージを伝える
❺ 自分の位置に戻ってメッセージを受け取る

❸や❹に抵抗がある場合は、「その人ならどんなふうに言ってくれるか」を想像するだけでも効果があります。この方法を使うと、涙が出るほど嬉しくなるような励ましの言葉を受け取ることができるでしょう。

あなたの世界

11 誰も認めてくれない介護がむなしくなるとき

エピソード

介護は私の仕事、やって当たり前だと思われているので、がんばって介護をしたところで誰も評価してくれません。むなしくなることがあります。

毎日自分をねぎらう

「がんばっている自分をまずは自分でねぎらってあげよう」

この本を手に取っていること自体、あなたは十分にがんばって介護に取り組んでいる証拠です。そんなあなた自身を、どんどんねぎらってあげましょう。

あなたは他の人にどう評価してほしいですか？　例えば、
「大変なのに、本当によくがんばっている！」
「一生懸命やって、けなげで美しいよ。尊い」
「無理をしないで、自分の体も大切にしてね」
と、誰かに認めてもらうことをあてにしていると、認めてもらえないときにつらく感じます。ですから、自分が言ってほしいこんな言葉は、自分自身に言ってあげましょう。自分を大切にいたわっていれば、他の人の評価は気になりません。

鏡を見るたびにほめ言葉を自分に言ってあげましょう。洗顔後、化粧水やクリームを塗るときには、「今日もありがとう」と、自分の顔や体にもねぎらいの言葉をかけてあげましょう。

こうして毎日自分をねぎらっていると、知らず知らず心が満たされ、活力が湧いてきます。

応援団リストを作る

「スタジアムいっぱいの応援団が私を応援しているとしたら……？！」

抱え込むとどんどん追い詰められていくのが、認知症家族の介護です。1人で抱え込まず、あなたの介護に役立つ応援団を見つけましょう。

・有益な情報をくれそうな応援団（介護をしている近所の人や友人など）
・地域や行政などの応援団（ケアマネジャーなど）
・民間サービスという応援団

本人がデイサービスなどで週何日か外出するだけでも、あなただけの時間がとれて、心は楽になります。

目に見えない応援団をイメージしてみるのも効果的です。例えば、あなたのご先祖さまが下のように、口々に感謝やねぎらいの言葉を伝えているところを想像してみてください。


「いつもありがとう～！」

「他の奴らなんか気にするな！」

「あなたのおかげですごく助かってる！」

「いつもみんな見ているよ！」

「みんな感謝しているよ」

「あなたホントにすごいよ！」


実際に聴こえてはいないかもしれませんが、あなたは本当はいろいろな人に感謝されていることを思い出して、心を整えることができます。

あなたの世界

12 自分の介護はダメだと感じるとき

エピソード

自分なりに一生懸命やっているつもりだけれど、感情的になってしまったり、うまくできていなかったりすることも……要領よく介護ができない自分が嫌になってしまいます。

自分にとことん○をつける

「自分に×をつけるのをやめて○をつけてみよう」

「こうあるべき」という理想があることは、あなたの素晴らしさです。しかし、いつも理想通りにはいかないもの。介護もそうです。

大切なのは、「どんな自分であっても、大丈夫」と受け入れること。そして、介護をする相手のことも「どんなあなたでも大丈夫」と許すことです。

私たちは、自分でも気が付かないうちに、自分や相手に×をつけながら生きています。「本人が行けないのに美味しい物を食べに行った自分に×」「相手を待てずイライラした自分に×」「感情的に責めた自分に×」というように、その言動をジャッジしながら自分や相手のことを認めるのは難しいものです。

しかし、同じ出来事でも○をつけることもできるのです。例えば、「美味しい物を食べて自分をいたわった自分に○」「介護をがんばっている自分に○」「親の話し相手になった自分に○」とすると、自己否定のスパイラルを断ち切ることができ、自然と相手にもどんどん○がつけられるようになります。

悩みを生む考え方に気付く

「この悩みを生み出している『〜でなければならない』という考えは何かな?」

目の前で起きている出来事が悩みを生み出す元になっていると、私たちは思い込んでいます。しかし実は、自分の内面にある「『〜でなければならない』という5つの考え方」が悩みを生み出しているのです。

❶「完璧でなければならない」
❷「強くなければならない」
❸「努力し続けなければならない」
❹「喜ばせなければならない(不快な気持ちにさせてはならない)」
❺「急がなければならない」

これらの度合いが強い傾向にあると、そうではないときに不快に感じて、悩みを抱えることになります。

自分の考え方の傾向を、次ページのチェックリストで調べてみましょう。もし、特定の傾向が高めなら、「そうでなかったとしても大丈夫」と自分自身に許可をすることが必要になります。例えば、

「完璧でありたいけれど、60点でも大丈夫。全て完璧にできる人などいない。うまくできない自分を許してもいい」

「誰も不快にさせたくないし、できれば喜んでもらいたいけれど、喜んでくれなかったとしても自分のせいにしなくてもいい」

「もっと早く多くのことを終わらせたいけれど、ゆっくりしかできない自分や相手を許してもいい」

こんなふうに自分を許す言葉を見つけて、くりかえしその言葉をかけていきましょう。

⬅5つの「〜でなければならない」チェック表は次のページへ

5つの「〜でなければならない」チェック表

次の文章を読んで、いつもの自分の行動にあてはまるものには3、まあまああてはまるものには2、少しあてはまるものには1、全くあてはまらないものには0に○をつけ、その数字を得点としてグループごとに小計を出してください。

A

❶ どんなときでも最高の結果を出したいと思っている	0 1 2 3
❷ 何をしても準備が足りないのではないかと不安になる	0 1 2 3
❸「こうすれば（言えば）よかった」とふりかえり後悔する	0 1 2 3
❹ 他人の言動にダメ出しをしたくなる	0 1 2 3
❺ もっともっと完璧を目指さないといけないと思う	0 1 2 3

Aの合計得点　　　　点

B

❶ どんなにつらくても助けを求めず、頑張らなくてはと思う	0 1 2 3
❷ 弱みはできるだけ見せてはいけないと思う	0 1 2 3
❸ 頼みごとをするのは苦手な方だ	0 1 2 3
❹ 弱音をはいている人を見るとイライラする	0 1 2 3
❺ 人は強く生きていかなくてはいけないと思う	0 1 2 3

Bの合計得点　　　　点

C

❶「頑張ります」「できるかぎりやってみます」と言うことが多い	0 1 2 3
❷ いくら努力しても「もっと頑張らなくては」と思う	0 1 2 3
❸ スケジュールには予定をたくさん詰め込んでいる	0 1 2 3
❹ 休んでいると怠けているような気がしてゆっくり休めない	0 1 2 3
❺ 成果を出すために、精一杯の努力をしなければと思う	0 1 2 3

Cの合計得点　　　　点

D

❶ 何かを頼まれるとNOと言いにくい	0　1　2　3
❷ 自分のしたいことよりも相手の要求を優先して自分はがまんすることが多い	0　1　2　3
❸ 喜んでもらえると思ってしたことに、期待した反応が返ってこないとがっかりしてしまう	0　1　2　3
❹ 自分がしたことに対しての反応が気になる	0　1　2　3
❺ 誰かが怒っていると機嫌をとらなくてはいけない気がする	0　1　2　3

Dの合計得点　　　　　点

E

❶ 会話中、人の話をさえぎって話したくなる	0　1　2　3
❷ 何でも早いにこしたことはないと思う	0　1　2　3
❸「時間が足りない」「時間に追われている」と感じることが多い	0　1　2　3
❹ じっくり考えるより、すぐに行動にうつしたくなる	0　1　2　3
❺ 他人がモタモタしているとイライラする	0　1　2　3

Eの合計得点　　　　　点

〈採点〉A～E各グループの小計の得点を記入してください。15点満点で8点以上は、その「～でなければならない」の悩みが増える傾向があります。

A（　　　　）点　完璧でなければならない

B（　　　　）点　強くなければならない

C（　　　　）点　努力し続けなければならない

D（　　　　）点　喜ばせなければならない

E（　　　　）点　急がなければならない

あなたの世界

13 介護をしながら心を明るく保つことが難しいとき

エピソード

介護の生活は重苦しく、明るい気持ちを保つことがとても難しいです。毎日同じことのくりかえしで、楽しくて幸せな感覚も忘れました。自由そうに町を歩く人がうらやましく見えてしかたがありません。

小さな「よかった」を集める

「ささやかなよかったことや楽しみを集めてみよう」

介護はとてもとても大変な仕事です。だからこそ、自分の心のメンテナンスをしっかり行い、あなた自身を幸せな感覚に満たすことは、介護に必須で、かつ重要なポイントなのです。

日常生活で心の状態を健やかに保ちたいときは、ささやかな「よかったこと」や「楽しみ」を見つけることが重要です。

あなたの意識があなたにとって嫌なことに向いているとき、心は最悪の状態になります。あなたにとって「嬉しい」「楽しい」「心地よい」ことに向いていれば、心はいい状態でいられるのです。

朝のうちに、「よかったこと3つ」を見つけてみましょう。例えば、「天気がよくて気持ちいい」「みそ汁やフルーツが美味しい」「推しをテレビで見ることができた」など、ささやかなことでよいのです。

このように、朝、自分にとってよかったことを見つけると、その1日ずっと「よかったことを見つけよう」というアンテナがはたらきます。介護しながらも、今までより少しずつ、心地いい時間を過ごすことができるようになります。

「ハッピーになれる未来を思う存分イメージしてみよう」

未来の可能性は無数にあります。いつ、どんなところにいても、その可能性はゼロになることはありません。

心を元気に保つために、無数にある未来の中から、あなたにとっての「最高の未来」を選び、イメージしてみましょう。あなたにとっての最高の未来とはどのようなものでしょうか？

家族の認知症の症状が改善して元気を取り戻している未来、介護をしながら家族が協力し合って笑顔で生活している未来……自分にとって最高の未来を思いついたら、「タイムマシン」に乗って最高の未来に実際に行ったところをイメージしてみましょう。最高の未来の光景を、心の目で実際に見てみるのです。

最高の未来の自分に聞いてみましょう。「どうすれば、その未来にたどり着くことができたの？」と。すると、あなたにとって重要なヒントや助言を受け取ることができます。

さらに、未来のあなたから現在のあなたへのメッセージも受け取ってください。その言葉に励まされ、勇気をもらうことができるでしょう。

最高の未来を想い描くことができれば、今の気分が変わるだけでなく、こんなふうに具体的にあなたと家族の未来を変えていくこともできるのです。

あなたの世界

14 体力的・経済的にどこまで続けられるか不安なとき

エピソード

認知症介護には忍耐力、体力、お金も必要です。どこまで続けることができるのか、不安に陥ることがあります。悩んでも解決策が見つからず、悶々とした日々が続いています。

「ある」ものに目を向ける

「介護に役立つものはどんなものが『ある』？」

安心できる認知症介護には、情報や人の手が必要です。あなたの負担を少しでも減らすためのサービスや情報を集めてみましょう。

「ない」ものではなく、「ある」ものに目を向けるのです。「ない」ものに目を向けると心が疲弊してしまいますが、「きっと何かいいサポートが“ある”はずだ」と思いながら情報を集めると、必要な情報、つまり「ある」ものに目が行き、手に入ります。

地域の自治体のしくみやサービスを知るには、窓口だけではなく、すでに同じように高齢者介護や認知症介護をしていらっしゃる方々の体験による生の声が参考になることもあります。

近所の人から情報を得てもいいですし、同世代の友だちや、先輩方に聞いてみてもいいでしょう。インターネットで検索することも役立つかもしれません。

家庭の事情は様々だと思いますが、情報を知らなければ1人で抱え込んでしまうことも多いので、ときにはSOSを出すことも大事です。

「『5つの視点』で問題を整理してみよう」

自分が抱えている問題が混乱して、何に悩んでいるのかわからなくなってしまったら、「現状」「原因」「目標」「資源」「影響」の5つの視点で考えると、現在の情報を整理できます。以下の5つの質問を自分に投げかけてみましょう。

❶現状：
「今自分はどんな立場に置かれている？」

「あなたを取り巻く周囲の状況はどう？」

❷原因：
「何が理由で引き起こされている？」

❸目標：
「望ましい状態とは？」

「その問題を解決することで自分はどうなりたい？」

❹資源：
「目標達成に向けて役立つものとは？」

「すでにあるものは何？」「これから必要なものは何？」

❺影響：
「どのような影響がある？」

「自分が得るものは何？」

「さらにそこから生まれる可能性には、どんなものがある？」


これらの質問を使って考えを整理していくと、前に進んでいくためのヒントや打開策が見つかります。

あなたの世界

15 「介護から逃げ出したい」という衝動にかられるとき

エピソード

いつまで続くのかわからない認知症介護……心が疲弊して、この状況から逃げ出したくなることがあります。

自分の中の答えを引き出す

「自分の無意識でわかっているこれからの物語の展開は?」

まず、「あなたは介護から逃げ出してもよい」ということは覚えておきましょう。他の人にSOSを出したり、一時的に離れたりするのは、全く恥ずかしいことではありません。

その上で、自分に優しくする、簡単な未来の物語を書いてみましょう。

❶ **紙と筆記用具を用意する(PCやスマートフォンでもOK)**

❷ **自分のことを三人称単数形で表現しながら物語を書き始める。**
例「彼女(彼)は、母(父)親の介護をしています。彼女は一生懸命介護をしていますが、思うようにいかず、落ち込むことをくりかえしていました……」など

❸ **接続詞はすべて「そして」で書き進める。「ところが」「でも」という接続詞は、使いたくなってもこらえて、「そして」を使い続けて書き進める(こうすると、次の展開に進むための解決策が導き出される)**

❹ **納得いくまで書けたら、読み返す**

完成した文章の中から、自分に優しくするヒントが得られます。

「これだけがんばっている私　最期になんと言ってほしい？」

心理学のプログラムの中に、自分のお葬式をイメージして、誰にどんな弔辞を読んでほしいのかを想像しながら、自分でその弔辞を書く、というものがあります。そうすると、自分がどのような生き方をしたいと思っているのかが見えてくるのです。

ここでは、

❶ あなたのお葬式をイメージして、誰に弔辞を読んでもらうか、どんなことを言ってほしいか考える

❷ あなたが介護している家族が亡くなる場面をイメージして、その瞬間に故人からどんな言葉をかけてもらえたら嬉しいかを考える

例「私の介護をしてくれてありがとう。本当に助かったよ。あなたと一緒に過ごせた時間は、私にとって最後の贈り物でした……」

イメージは自由です。「こんなことは言わないだろう」と思うようなことも、イメージの中でなら言わせてしまってよいのです。自分の気持ちがおさまるように、いかようにもイメージを膨らませてみましょう。❶❷どちらのイメージでも、今までがんばってきたことが報われたように感じることができるかもしれません。

あなたの世界

16 親族からきつい横やりが入ってまいってしまうとき

エピソード

自分なりにできるかぎりのことをしているのに、親族からは、「それでは本人がかわいそう」とか、「もっと○○してあげたらいいのに」というダメ出しばかりが聞こえてきて、心が苦しくなってしまうことがあります。

嫌な言葉を翻訳する

「私が受け入れやすい言葉を見つけたらどんな言葉になる？」

親族などから言われて嫌だった言葉。その奥にどのような気持ちがあるのかを教えてくれる「翻訳機」があるとしたらどうでしょう。その翻訳機は、例えばこんなふうに変換してくれます。

「それでは本人がかわいそう」→「本人にはできるだけ快適に過ごしてほしいな」

「もっと○○すればいいのに」→「いつも世話してくれてありがとうね」

こう翻訳されたら、受け入れやすいですよね。このように、「翻訳機」を想像して、何を言われても、自分を苦しめない言葉に翻訳すればいいのです。

実は、そういう翻訳機が必要な独特な話し方になる関係・個性の人はよくいるもの。「よくしてくれて助かってるよ」「いてくれてありがとう」「何かあったらいつでも言って」など、翻訳されて気持ちのよかった言葉を想像しただけでも気が楽になります。あなたならどのような言葉に翻訳したいですか？

「苦しい言葉のボリュームを下げて、聞きたい言葉のボリュームを上げよう」

翻訳が難しそうなら、音量つまみを使いましょう。誰かに言われた言葉が何度も頭の中によみがえって苦しいとき、その言葉の音量を変えて、苦しい言葉から嬉しい言葉に切り替えていくのです。

❶ 音を消したい言葉と音量を上げたい言葉を用意する
例：言われて嫌だった「それでは本人がかわいそう」という言葉と、これなら傷つかないという「できるかぎりのことをしてくれて、ありがとう」という言葉など。

❷ 音量を調節する2つのつまみが横に並んでいるところを想像する。左側のつまみは、言われて嫌だった言葉の音量を調節するもの、右側のつまみは、傷つかない言葉の音量を調節するもの

❸ 「いっせーのせ!」で、左側の音量を下げ、右側の音量を上げて、頭の中に聞こえてくる声を切り替える

❹ それではやってみよう。「いっせーのせ!」

こうして何度も頭の中に鳴り響く言葉を切り替えていると、心を守ることができます。

あなたの世界

17 きょうだいの間の負担が不平等で、不満を感じるとき

エピソード

きょうだいにも介護の分担をお願いしたいのに、「自分は協力できない」と言われ続けています。自分ばかりに負担がのしかかり、不満を感じています。

いてくれてよかったことを見つける

「きょうだいがいてくれてよかったことは何がある？」

誰かを受け入れるための効果的な考え方として、「人は誰でも最善を尽くしている」という考え方があります。あなたがあなたの最善を尽くしているように、他の人もその人にとっての最善を尽くしているということです。そう思えば、相手を許すきっかけになります。

それと、あなたが不満を抱いているということは、その人に期待していたということでもあります。不満に感じるのは、期待が叶わずショックを受けているということなのです。

不満を和らげるために、あえて相手の存在に対して感謝する部分を見つけてみましょう。例えば、「将来、親に起こることを1人で背負わなくてもいい」「何か困ったら相談にのってくれる」など、期待には応えてくれないとしても、いてくれることで感謝できることやよかったことを、1つでも見つけてみましょう。

こうすることで、あなたの不満感は少し軽減されます。

不満を思いやりに変換してみる

「このきょうだいへの不満は、どんな思いやりに変えられるだろう？」

不満を感じているときは、相手に「してもらうこと」だけを考えています。むしろ自分が何を「してあげられるのか」と考えてみることで、相手との関係性に変化が生じ始めます。

❶ 誰に対してどのような不満があるかを整理してみる

❷ その不満と同じことを、あなたはあなた自身に対して何パーセントぐらいしていると思うか？

❸ 自分の不満と同じことを、自分は相手に対して何パーセントぐらいしていると思うか？

❹ 文句や不満があるということは、例えば下の例のように、自分には相手を思ってしてあげられることがある、ということでもある。あなたが相手にしてあげられることは、どのようなものがあるか？
例：許す、寛容になる、優しい気づかい

❺ 自分の中に優しさがあふれていることを想像し、④で見つけた「思いやり」の気持ちを相手に与えている自分を思い描いてみる。

不満を感じたら、どんな「思いやり」に変えられるのかを考えると、精神的にも成長できます。

あなたの世界

18 過去の事情からどうしても本人に優しくできないとき

エピソード

子どもの頃、親は私にひどい仕打ちをしました。その言葉や態度が今でも尾を引いています。親が認知症になったとしても、いまさら優しくすることができません。

過去の自分を癒す

「過去の傷ついた自分に何と言ってあげたい?」

過去の事情で親子関係にひびが入っていて、恨みが残っているときには、インナーチャイルドセラピーで過去の傷ついた自分を癒すと心のわだかまりが少し軽くなることがあります。

❶ 親の言った言葉や態度に傷ついた当時の自分が目の前にいるところを想像する

❷ 現在の自分から当時の傷ついた自分に優しい言葉をかけてあげる
例「本当につらかったよね。嫌だったよね。もう大丈夫だよ。あなたは何にも悪くないよ。だから安心して大丈夫だよ」

❸ 現在の自分が、当時の自分を抱きしめ、当時の自分がしたいと思うことを気がすむまで一緒にしているところをイメージする

こうすることで、自分の心の癒せていなかった部分が満たされ、回復し、心に平和をもたらしていきます。十分に癒したい場合は、インナーチャイルドセラピーができるセラピストに誘導してもらうことをお勧めします。（巻末資料P190参照）

「言ってほしかった言葉は何だった？描いて思い出そう」

親子関係には自分が生まれてから今まで積み重ねた過去があります。良好な関係ではない場合も多く、親に嫌悪感や寂しさ、憎しみを感じていることもあるでしょう。そんな気持ちがあり、親が認知症になったとしても、面倒をみるのは嫌だと思う方も、決して少なくありません。

「親とのわだかまりを解消したくない」と思う方もいるでしょう。しかし、「もう一度向き合ってみようか……」と思う場合、親が亡くなってしまう前に、15分程度、過去の記憶を書き換えるこんなワークを試してもいいかもしれません。

❶ **少しだけ嫌だった親との体験を描く。自分さえわかれば下手でOK**
例：誤解されて怒られた

❷ **そのとき、自分が何と決断したのか、利き手と反対の手で文字で書く**
例「もう正直に言うのはやめよう」

❸ **そのとき、本当は誰に何と言ってほしかったか、利き手で文字で書く**
例「お母さん、誤解していた。ごめんなさい」

❹ **言ってほしかった③の言葉を、その人に言ってもらっているところをイメージする**

このワークで心に刺さったトゲが少し抜けて、相手との関係性に少しずつ変化が現れます。

あなたの世界

19

家庭介護が限界だが施設入所を嫌がるとき

エピソード

自分の仕事を続けることができないほど追い込まれていて、自宅での介護がもう限界です。施設への入所を検討したいのですが、本人が施設に入ることを嫌がっています。

メリット・デメリットを洗い出す

「施設に入ることのメリットは何だろう?」

「施設入所は本人にとってひどいこと」という罪悪感で苦しむ人もいるでしょう。

しかし、施設に入ることで本人にとってもメリットになることはあるはず。ひどいことをしていると決めつけなくてもいいのです。

例えば、規則正しい健康的な生活が送れるようになります。人と会話をする機会が増えます。空調管理は万全で、火事などの心配もなく、困ったときは施設の人が助けてくれるなど、メリットもたくさんあるのです。

筆者の親は施設に入所してから、家にいるときよりも不安が軽減したようで、前よりも明るい表情になりました。

もちろん入所することで、制約を受け不自由になることもあります。しかし、デメリットになることはその都度、「どうすれば本人にとって苦ではなくなるのか」を考えて対応すればよいのです。このように一生懸命考えてあげることこそが、相手のことを真剣に考えている証拠です。

あなたは、あなたの心を守り、あなた自身の生活や人生を大切にしてよいのです。

心を守る12の権利は何があるだろう?

心理学のアサーションという分野には、心を守るための12の権利があります。この権利を使ってあなたの心を楽にしてみませんか?

❶ 私たちには自分のために優先順位を自分で決めていい権利があります

❷ 私たちには自分で「YES」「NO」を決めていい権利があります

❸ 人と意見が違っても、自分の意見を言っていい権利があります

❹ 間違ってもいい権利があります

❺ 自分の感情に正直でいてもいい権利があります

❻ 自分のことを尊敬し大切にしていい権利があります

❼ 人の悩みを自分の責任にしなくてもいい権利があります

❽ 考えを変えてもいい権利があります

❾ わからないことを「わかりません」と言っていい権利があります

❿ 欲しいモノやしたいことを求めていい権利があります

⓫ 人の評価を気にせずに、人と接していい権利があります

⓬ これらの権利を使ってもいいし、使わなくてもいいという権利があります

［巻末資料］

認知症についてもっと知りたいあなたに

● おすすめ書籍

『イラストでやさしく理解する 認知症ケアのキホン これだけは押さえたいポイント100』（「おはよう21」2023年10月号増刊）／山川淳司・椎名淳一ほか 著／中央法規出版

本書の著者2名が共著しています。認知症のある人とその周りの人には「ズレ」がある！ ズレのバリエーションを、専門家の視点で解説＆課題解決。クスッと笑えるイラストがなごみます。

『認知症の人の「かたくなな気持ち」が驚くほどすーっと穏やかになる接し方』／藤原るか・坂本孝輔 著／すばる舎

スーパー介護ヘルパーと認知症介護スペシャリストの2人が、「どうしたら認知症の人のかたくなな気持ちがほどけるのか？」を、やさしい言葉とわかりやすい解説で伝えています。

『認知症世界の歩き方』／筧 裕介著／ライツ社

『認知症世界の歩き方 実践編――対話とデザインがあなたの生活を変える』／筧 裕介・issue+design 著／ issue+design

認知症の人がいる世界を、まるでテーマパークのエリア（世界）にいるかのように、わかりやすく、楽しく解説。著者がデザインの専門家のため、環境やしくみのデザインを工夫して本人に安心してもらうヒントが詰まっています。

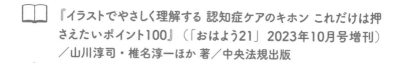

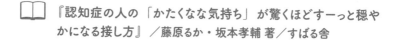

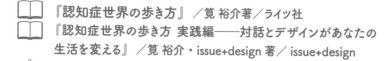

『誤作動する脳』／樋口直美 著／医学書院

レビー小体型認知症当事者である著者が自らの目で見た「認知症世界」。記憶や時間感覚が消えていく様子の描写は、当事者でなくてはわかりません。リアリティ満載。

『なぜ、認知症のある人とうまくかかわれないのか？』／石原哲郎 著／中央法規出版

若年性認知症の当事者丹野智文さんの主治医である認知症専門医が、認知症のある人とのかかわりについて、研究や自らの経験をもとに書いた指南書。本人が自分らしく生きるために必要な支援のヒントが満載です。

『認知症ポジティブ！ 脳科学でひもとく笑顔の暮らしとケアのコツ』／山口晴保 著／協同医書出版社

「認知症になるのが不安」「介護がつらい」――そんな思いを逆転する新発想。認知症の理解やケアにポジティブ心理学の考え方を取り入れることで、認知症に対するイメージを180度転換します。

『全国認知症カフェガイドブック 認知症のイメージを変えるソーシャル・イノベーション』／コスガ聡一 著／クリエイツかもがわ

全国の認知症カフェ200か所以上に足を運び徹底取材して、ユニークに類型化。様々な広がりを見せる現在の認知症カフェの特徴を紹介します。

『認知症の人を介護する方へ向けた 気分転換・ポジティブ日記のすゝめ』／藤生大我 著／Kindle出版

その日にあったよかったこと3つとその理由、自分をほめるような言葉を書く日記です。認知症介護には、悪いことばかりでなくよいこともあると気づき大切にすることで、少しラクな気持ちになれるかもしれません。

［巻末資料］

認知症のある人とあなたをラクにする情報

●認知症のある人の居場所を探す

認知症のある人が、家以外にも居場所があると感じていることは、とてもいい効果をもたらします。下の検索サイトで、家の近くの認知症カフェを探して訪ねてみてはいかがでしょうか。各市町村でも情報を集めている場合があります。

認知症カフェ検索

認知症のWEBメディア「なかまぁる」の中の検索システム。全国の認知症カフェを、地域や通いたい曜日を絞って検索できます。

全国認知症カフェガイド on the WEB

約6,500か所の認知症カフェ情報を集め、検索できるようになっています。一覧形式なので、地域の全てのカフェを見たい人には便利。

●認知症介護の仲間と話す

介護者同士のつながりができ、介護生活の苦労やよかったことなど、あなたの気持ちを同じ立場の仲間と共有できると、孤独感は軽減します。

公益社団法人認知症の人と家族の会

各地で家族介護者が集まる「つどい」を開催しているほか、認知症の知識を深める講習の開催や冊子の配布、電話相談なども行っています。

男性介護者と支援者の全国ネットワーク

男性介護者でないとわからない苦悩や困難もあります。関西・四国を中心に毎月イベントを開催しています。

Yancle community

親、祖父母、きょうだいのケアをしている40歳未満のケアラーを中心としたコミュニティです。相談する相手がなく、将来の不安を抱えて自分の経験を話したい、愚痴を吐きたい人、乗り越えるために学びたい人向け。

●服薬をラクにするアプリを探す

もはや高齢者でもスマートフォンを使う時代です。本人が使えなくても、周囲の人が設定すれば、立派な支援ツールになります。古いスマートフォンを活用してもいいですね。P122などでも言及した服薬支援アプリのうち、認知症のある人にも使いやすそうな物をご紹介します。

My Therapy　お薬リマインダー・飲み忘れ防止アプリ

設定・操作画面はシンプル。マナーモードやお休みモードでもアラームが鳴ります。無料で広告がないので、混乱を招きません。

iPhone　Android

お薬記録&アラーム　くすりの飲み忘れ防止と薬歴・服薬管理

服薬管理以外の無駄な機能がなく、カレンダーで一元管理。広告は設定画面にしか表示されず、700円で消すことができます。アプリを起動すると通知も消えるので、通知を再度見て「あれ? まだ飲んでいない?」という心配も低減。

iPhone　Android

マックス　ピルリマインダー

最初に決めた犬・猫・ひよこのキャラが服薬時間を教えてくれ、飲めたらほめてくれます。広告なしで、設定・操作画面はシンプル。プッシュ通知への応答がない場合、コールアラームでお知らせしてくれます。とにかくかわいいのでなごみます。

iPhone　Android

●あなたの心をもっと癒す

本書第3章の著者が制作した書籍や動画で、さらに心をラクにしましょう。

『ストレスをすっきり消し去る71の技術』／加藤史子 著／東洋経済新報社

簡単にできるストレスの対処法を71個紹介しています。

『ストレス体質を卒業し「生きづらさ」を手放す法』／加藤史子 著／同文館出版

ストレスのメカニズムを理解し、ストレスを生み出す思考から解放される方法を紹介しています。

『心を鍛える最強のツール 黙想のすすめ』／加藤史子 著／時事通信社

イメージするだけで気持ちを切り替える方法を多数紹介しています。

「ココ晴れチャンネル」

本書の著者、加藤史子さんの発信するYouTubeチャンネル。第3章のようなメソッドを誘導してくれます。自分のための時間をとり、声に導かれながらしっかり癒されましょう。

P182のインナーチャイルドセラピーは、別途セッションのお申し込みが必要です。メンタルトレーナー加藤史子公式HPよりお問い合わせください。

エピローグ

介護や福祉の本を作るとき、いつも現場にいたときのことを思い出します。
元訪問介護員の編集者である私の「現場」は、各ご家庭でした。

最初の訪問時、認知症介護をされているご家族からよく聞いた言葉は、
「（本人が）何を考えているのかわからない」「（私は）もうしんどい」でした。
だから、この本で少しでも「こう考えているのかもな」「ちょっとだけラク」と
読者のみなさんに感じてもらえたら、と思いながら編集しました。
著者の方々も、そんな気持ちを込めて書いてくださいました。

ご家族であるあなたの人生で、この認知症介護の期間が、
決してわけがわからない、しんどいだけの時間などではなく、
ご本人に寄り添うことであなたの世界が広がり、
より豊かになる時間になりますように。
そのことを、何よりも認知症のあるご本人が、きっと願っていると思います。

編集者　編集工房まる 代表　西村舞由子

●執筆担当

第１章　山川淳司

第２章　椎名淳一（1～4・6・7・9・10・12～14・18・19・24～26・28～30・32・33・35・38～41・43・45～47 項）

山川淳司（5・8・11・15・16・17・20～22・23・27・31・34・36・37・42・44・48～50 項）

第３章　加藤史子

●本書参考文献

『認知症介護実践研修テキスト　実践者編』／中央法規出版

［編　　集］　編集工房まる株式会社　西村舞由子
［デザイン］　株式会社キガミッツ　森田恭行、髙木瑶子
［イラスト］　パント大吉
［校　　正］　北村信一郎

認知症《にんちしょう》の人《ひと》に寄《よ》りそう・伝《つた》わる言葉《ことば》かけ＆接《せっ》し方《かた》

2024年3月1日　第1刷発行

著　者　山川淳司《やまかわじゅんじ》　椎名淳一《しいなじゅんいち》　加藤史子《かとうふみこ》

発行者　吉田芳史

印刷所　株式会社 文化カラー印刷

製本所　大口製本印刷株式会社

発行所　株式会社 日本文芸社
〒100-0003 東京都千代田区一ツ橋 1-1-1 パレスサイドビル 8F
TEL 03-5224-6460（代表）
内容に関するお問い合わせは、小社ウェブサイトお問い合わせフォームまでお願いいたします。
URL https://www.nihonbungeisha.co.jp/

Printed in Japan　112240220-112240220 Ⓝ 01（290073）
ISBN978-4-537-22186-2

編集担当　和田